企业区域板挂牌辅导上市实务

潘国刚　李修平　著

机构助推企业区域板挂牌辅导上市的操作 实务
中小企业筹划区域板挂牌辅导上市的必备 宝典

中国海洋大学出版社
·青岛·

图书在版编目(CIP)数据

企业区域板挂牌辅导上市实务/潘国刚,李修平著.
—青岛:中国海洋大学出版社,2016.7
ISBN 978-7-5670-1204-2

Ⅰ.①企… Ⅱ.①潘…②李… Ⅲ.①上市公司—基本知识—中国 Ⅳ.①F279.246

中国版本图书馆CIP数据核字(2016)第177345号

出版发行	中国海洋大学出版社
社　　址	青岛市香港东路23号　　邮政编码 266071
出 版 人	杨立敏
网　　址	http://www.ouc-press.com
电子信箱	pankeju@126.com
订购电话	0532-82032573(传真)
责任编辑	潘克菊　　　　　　　　电　　话 0532-85902533
印　　制	淄博恒业印务有限公司
版　　次	2016年8月第1版
印　　次	2016年8月第1次印刷
成品尺寸	144 mm × 215 mm
印　　张	7.25
字　　数	210千
定　　价	36.00元

序

　　区域性股权交易市场作为多层次资本市场的基石,在整个资本市场中发挥的作用毋庸置疑。区域性股权交易市场是中小企业规范的园地、融资的中心、地方政府政策的试验平台、资本中介服务的延伸,更是中小企业上市融资的孵化基地。从政府支持、保荐抚育、机构指导等角度,区域性股权交易市场更是中小企业发展的摇篮。

　　中小企业进入资本市场前,面临融资方式少、渠道窄、额度低等问题,其中最主要的原因是中小企业资产额度低、质量差、轻资产比重大等,其次是管理不够规范、组织架构不够清晰、财务管理力量薄弱等。但是很多中小企业,不乏项目好、技术先、创新早、转型快的优势。而目前区域性股权交易市场采取协议转让、一对一的融资方式、量身定做的融资产品,一定程度上契合了中小企业的特点,满足了中小企业的需求。在此基础上,通过在保荐督导、会计师事务所指导、律师事务所参与,帮助企业梳理制定可行的战略规划、寻找理想经营模式、理清产权结构、完善组织架构、规范经营管理、培育企业人才规划等。通过登陆区域性股权交易市场,"钻石"企业由"抽屉中"拿到桌面上,企业发展从黑暗走向光明、从模糊走向清晰,更容易被风投发现、被大企业挖掘、被潜在市场认可,甚至打通"新三板"、创业板、中小企业板和海外资本市场的通道,引导一大批中小企业脱颖而出,实现质的飞跃。

青岛蓝海股权交易中心作为区域板股权交易市场中的一员,按照国务院同意,中国人民银行等十一部委批复的《青岛市财富管理金融综合改革试验区总体方案》中"依法合规组建区域性股权交易市场,促进社会财富与中小企业股权投融资对接"的要求,坚持"政府监管、券商主导、市场化运作"的模式,由中信证券股份有限公司、国信证券股份有限公司、中信证券(山东)有限责任公司等五家专业机构共同出资设立。

中心坚持"立足半岛蓝色经济区,辐射全国重点区域"的目标,强化"券商主导、财富管理、蓝色经济、外向金融"的四项优势,为各类中小微企业提供股权,债权和其他权益类产品的登记、托管、转让、投资、融资、结算、过户等服务;提供融资、并购、资本运作及前述业务相关的查询信息、培训、咨询、评级、财务顾问等服务;提供融资理财、委托投资、项目投资、投资管理等业务服务。在围绕服务中小企业融资过程中,财富管理改革中先行先试,不断丰富和完善区域性股权交易市场功能,探寻青岛财富管理综合改革新路径,突出打造三大平台,即:中小企业股权交易平台、财富管理产品交易平台、"信蓝筹"互联网融资平台。

本书几个创作人员和我交流,并邀请作序。几位专家联合中心推荐机构、会计师事务所、律师事务所和优质企业,共同调研、研究、实践编写,相信能够从不同的侧面给拟挂牌企业和服务机构一些指导或启发,相信能够开卷有益。

青岛蓝海股权交易中心总经理
上海证券交易所上市指导委员会委员
青岛证券与期货业协会副会长
常欣
2016年7月

目 录

第1章 区域板股权交易市场概述 … 1

1.1 国外资本市场的结构特点 … 1

1.2 我国多层次资本市场概述 … 3

1.3 区域板股权交易市场概述 … 9

第2章 区域板股权交易市场运营实务 … 38

2.1 挂牌与信息披露业务实务 … 38

2.2 股权交易与报价业务实务 … 47

第3章 区域板挂牌辅导上市企业实务 … 52

3.1 挂牌企业类型与意义 … 52

3.2 公司的主体资格 … 54

3.3 股东的主体资格 … 55

3.4 公司的业务与投资 … 56

3.5 公司的资产与资金 … 57

3.6 公司的知识产权与环保安全 … 58

3.7 公司的税务事项与劳动人事 … 59

第4章 区域板挂牌辅导上市推荐机构实务 ·········· 61
4.1 制作关于股权挂牌的申请及授权文件 ·········· 61
4.2 编制股权交易说明书 ·········· 63
4.3 整理编制公司关于挂牌交易的文件 ·········· 109
4.4 整理编制推荐机构关于挂牌交易的文件 ·········· 114

第5章 区域板挂牌辅导上市会计师事务所实务 ·········· 119
5.1 中介机构资质与企业选择考量角度 ·········· 119
5.2 会计师事务所如何选择及其承担的工作 ·········· 121
5.3 实施审计出具审计报告 ·········· 122
5.4 会计师事务所对文件承诺与函件 ·········· 178

第6章 区域板挂牌辅导上市律师事务所实务 ·········· 180
6.1 企业选择律师事务所的角度及其承担工作 ·········· 180
6.2 进行法律调查出具法律意见书 ·········· 182
6.3 律师事务所对文件的承诺与函件 ·········· 213

第7章 企业从区域板走向新三板和创业板展望 ·········· 215
7.1 新三板挂牌上市的条件和程序 ·········· 215
7.2 创业板挂牌上市的条件和程序 ·········· 223

第1章

区域板股权交易市场概述

1.1 国外资本市场的结构特点

1.1.1 美国资本市场体系的结构特点

美国资本市场体系规模最大,体系最复杂,也最合理,主要包括三个层次:主板市场、二板市场、全国性和区域性市场及场外交易市场。

(1) 主板市场

美国证券市场的主板市场是以纽约证券交易所为核心的全国性证券交易市场,该市场对上市公司的要求比较高,主要表现为交易国家级的上市公司的股票、债券,在该交易所上市的企业一般是知名度高的大企业,公司的成熟性好,有良好的业绩记录和完善的公司治理机制,公司有较长的历史存续性和较好的回报。从投资者的角度看,该市场的投资人一般都是风险规避或风险中立者。

(2) 二板市场

美国证券市场的二板市场是以纳斯达克为核心的二板市场。纳斯达克市场对上市公司的要求与纽约证券交易所截然不同,它主要注重公司的成长性和长期盈利性,在纳斯达克上市的公司普遍具有高科技含量、高风险、高回报、规模小的特征。纳斯达克虽然历史较短,但发展速度很快,按交易额排列,它已成为仅次于纽约证交所的全球第二大交易市场,而上市数量、成交量、市场表现、流动性比率等方面已经超过了纽约证交所。

(3)全国性和区域性市场及场外交易市场

全国性和区域性市场及场外交易市场遍布美国各地区。美国证券交易所是全国性的交易所,但该交易所上市的企业较纽约证交所略逊一筹,该交易所挂牌交易的企业发展到一定程度可以转到纽约交易所上市。

遍布全国各地的区域性证券交易所有11家,主要分布于全国各大工商业和金融中心城市,它们成为区域性企业的上市交易场所,可谓是美国的三板市场。

1.1.2 日本资本市场体系的结构特点

日本的交易所也分为三个层次:全国性交易中心、地区性证券交易中心和场外交易市场。

(1)主板市场

东京证券交易所是日本证券市场的主板市场,具有全国中心市场的性质,在此上市的都是著名的大公司。

(2)二板市场

大阪、名古屋等其他七家交易所构成地区性证券交易中心,主要交易那些尚不具备条件到东京交易所上市交易的证券,这七家地区性市场构成日本的二板市场。

(3)场外交易市场

场外交易市场包括店头证券市场和店头股票市场,在此交易的公司规模不大但很有发展前途,其中店头市场的债券交易市场占了日本证券交易的绝大部分。

1.1.3 英国资本市场体系的结构特点

英国的交易所也分为三个层次：主板市场、全国性的二板市场、全国性的三板市场。

（1）主板市场

伦敦证券交易所是英国全国性的集中市场，也是英国的主板市场，它有着200多年的历史，是吸收欧洲资金的主要渠道。

（2）全国性的二板市场

与美国不同，英国的二板市场是由伦敦交易所主办，是伦敦证交所的一部分，属于正式的市场。其运行相对独立，是为英国及海外初创的、高成长性公司提供的一个全国性市场。

（3）全国性的三板市场

全国性的三板市场是由伦敦证券交易所承担做市商职能的公司创办的，属于非正式市场。主要是为中小型高成长企业进行股权融资服务的市场。

1.2 我国多层次资本市场概述

在资本市场上，不同的投资者与融资者都有不同的规模大小与主体特征，存在着对资本市场金融服务的不同需求。投资者与融资者对投融资金融服务的多样化需求决定了资本市场应该是一个多层次的市场体系。

我国资本市场从20世纪90年代发展至今，由场内市场和场外市场两部分构成。其中场内市场含中小板在内的主板（俗称一板）、创业板（俗称二板）和场外市场的全国中小企业股份转让系统（俗称新三板）、区域性股权交易市场（俗称四板或区域板）、证券公司主导的柜台市场(俗称新四板)共同组成了我国多层次资本市场体系。

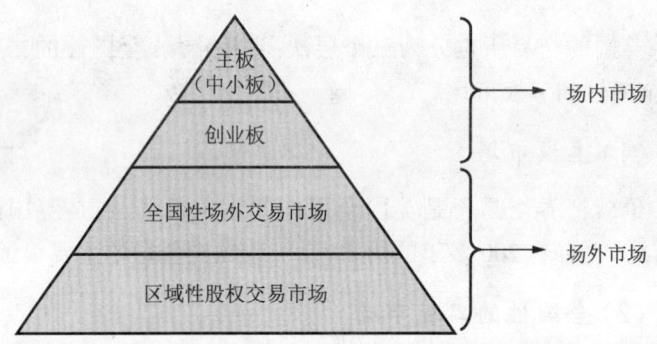

图 1-1　我国的多层次资本市场体系

1.2.1　我国各层次资本市场概述

(1) 主板市场

主板市场也称为一板市场,指传统意义上的证券市场(通常指股票市场),是一个国家或地区证券发行、上市及交易的主要场所。主板市场对发行人的营业期限、股本大小、盈利水平、最低市值等方面的要求标准较高,上市企业多为大型成熟企业,具有较大的资本规模以及稳定的盈利能力。

2004年5月,经国务院批准,中国证监会批复同意深圳证券交易所在主板市场内设立中小企业板块。

中国大陆主板市场的公司在上海证券交易所和深证证券交易所两个市场上市。主板市场是资本市场中最重要的组成部分,很大程度上能够反映经济发展状况,有"国民经济晴雨表"之称。

(2) 二板市场

二板市场又称为创业板市场,其地位是次于主板市场的二级证券市场,在中国特指深圳创业板。在上市门槛、监管制度、信息披露、交易者条件、投资风险等方面和主板市场有较大区别。

其目的主要是扶持中小企业，尤其是高成长性企业，为风险投资和创投企业建立正常的退出机制，为自主创新国家战略提供融资平台，为多层次的资本市场体系建设添砖加瓦。2012年4月20日，深圳证券交易所正式发布《深圳证券交易所创业板股票上市规则》，并将于同年5月1日起正式实施，将创业板退市制度方案内容，落实到上市规则之中。

（3）三板市场

三板市场是指全国中小企业股份转让系统，该股份转让系统是经国务院批准设立的全国性证券交易场所，全国中小企业股份转让系统有限责任公司为其运营管理机构。2012年9月20日，由上海证券交易所、深圳证券交易所、中国证券登记结算有限责任公司、上海期货交易所、中国金融期货交易所、郑州商品交易所、大连商品交易所为公司股东单位，在国家工商总局注册成立，注册资本30亿元。

（4）四板市场

区域性股权交易市场（下称"区域股权市场"）是为特定区域内的企业提供股权、债券的转让和融资服务的私募市场，一般以省级为单位，由省级人民政府监管。区域性股权交易市场是我国多层次资本市场的重要组成部分，亦是中国多层次资本市场建设中必不可少的部分。对于促进企业特别是中小微企业股权交易和融资，鼓励科技创新和激活民间资本，加强对实体经济薄弱环节的支持，具有积极作用。

1.2.2 多层次资本市场的建设意义

（1）有利于满足资本市场上资金供求双方的多层次化的要求

从资金供给方来说，由于风险偏好的不同，投资者也是具有不同层次的。风险爱好者愿意投资于高风险高回报的股票；风险中立者会选择购买风险程度适中，预期报酬也非最高的股票；风险规避者则可能去购买国债。但是,中国仅有单一层次的主板市场,该市场对公司上市和交易的风险标准是统一的,从制度上无法为不同风险偏好者提供足够多种类的投资品种和交易场所。

从资金需求方来说,处于不同发展阶段的不同规模的、不同风险状况的企业对股权融资的需求不尽相同。对于大规模、稳健型、成熟性强的公司,由于其发展历史相对较长、业绩稳定、经营稳健,可能吸引大批投资者来购买它的股票;但对于中小企业,特别是处于创业阶段的中小型科技企业,由于其规模小、产品不够成熟、风险性大,通过主板市场进行融资是不现实的。但受诸多因素影响,中国资本市场的发展出现了高度集中化的倾向,交易过程中不可避免地会排斥一部分融资者而向具有优势的融资者倾斜。特别是在为国企服务的主导思想下,市场必定只会为大企业服务,而将众多的中小企业排斥在外。目前,还在建设中的二板市场虽然增加了交易层次,但其附属于交易所的性质决定了其满足融资需求的能力是有限的,从而造成了中小企业特别是高新技术企业的融资困难。

(2) 有利于提供优化准入机制和退市机制,提高上市公司的质量

从非证券资本市场到证券资本市场,从场外市场到创业板市场、主板市场,入市标准逐步严格,企业素质也呈阶梯式上升,这实际上提供了一个市场筛选机制。一方面,在下一级市场上挂牌交易的企业经过辅导,将会有优秀企业脱颖而出,从而进入上一级市场交易;另一方面,对于长期经营不善,已不符合某一层次挂牌标准的企业,则通过退出机制,退出到下一级市场交易。这样形成一种优胜劣汰的机制,既有利于保证挂牌公司的质量与其所在市场层次相对应,又能促进上市公司努力改善经营管理水平,提高上市公司的质量。

(3) 有利于防范和化解我国的金融风险

直接融资有利于分散融资风险,能有效地避免风险向金融系统集中,从而降低金融系统性风险。从国外经验看,在间接融资为主的金融体系中,一旦经济实体发生严重问题,就会导致大量银行坏账,金融体系的脆弱性往往将经济拖入长期不振的境地。当前,中国的融资结构仍以间接融资为主,直接融资比例还较低。资料显示,我国股市融资占总融资额的比重已由2001年的7.5%降至2003年上半年的1.6%。与此同时,银行贷款所占比例却由75.4%一路上升至89.5%。因此,多层次的资本市场通过改善上市公司质量、满足多元化的投资需求,吸引资金进入资本市场,扩大直接融资额度,从而降低金融风险。而且随着多层次资本市场体系规模的扩大,直接融资比重的提高,会逐步形成风险程度存在明显差异的子市场,风险承担主体呈现多元化,有利于实现金融市场的稳定,分散和化解金融风险。

1.2.3 多层次资本市场的战略构想

(1)建立以深沪交易所为核心的主板市场

将现有的沪深两市定位为中国证券市场的"精品市场",由于该市场发展历史较长,成熟度也较好,可以结合二板、三板市场输送来的优质公司进入和现有不良公司的退出(可以退市,也可以转向二板、三板进行交易),逐渐建立起我国的证券精品市场。该市场主要面向规模大、业绩佳的成熟知名大企业,其公司来源应主要来自二、三板市场,满足特定情况的条件下,比如公司资产负债比率、公司规模、盈利指标、成长性达到一定要求,也可以在主板市场上进行增发进行再融资,但未达到这些指标的公司,不能通过主板市场再融资,特别是不能通过股权再融资的方式"圈钱",这样才能充分保证主板市场公司的质量,降低该市场的风险。

(2)建立以中小科技创业企业为核心的二板市场

目前,国际上的创业板市场主要有三种典型的模式:一所二板平行模式、一所二板升级式、独立模式。

① 一所二板平行模式。

一所二板平行模式即在现有证券交易所中设立一个二板,作为主板的补充,与主板一起运作,二者拥有共同的组织管理系统和交易系统,甚至相同的监管标准,不同的只是上市标准的高低,两者不存在主板、二板转换关系。

② 一所二板升级式。

一所二板升级式即在现有证券交易所内设立一个独立的为中小企业服务的交易市场,上市标准低,上市公司除需有健全的会计制度及会计、法律、券商顾问和经纪人保荐外,并无其他限制性标准,主板和二板之间是一种从低级到高级的提升关系。

③ 独立模式。

独立模式即二板市场本身是一个独立的证券交易系统,拥有独立的组织管理系统,报价交易系统和监管体系,上市门槛低,能最大限度地为新兴高科技企业提供上市条件。

(3) 发展场外交易市场,有重点、有选择地推进区域性交易市场的建设

我国三板市场体系的建立应采取"条块结合"的模式,既有集中统一的场外交易市场,又有区域性的股权、产权交易市场。

第一,借鉴发达国家经验,发展场外交易市场。根据发达国家的经验,中国欲发展场外交易市场,实现地区性联网运行,集中报价、分散成交、统一核算,从目前看是可行的。

第二,在加快发展场外交易市场的同时,应积极规范地区性股权交易中心。我国先后在武汉、淄博、天津、沈阳等十几个城市形成了将企业股权公开挂牌交易的地方性股权交易市场,但这些市场绝大多数由地方政府正式或非正式批准成立,容易受到地方行政力量的控制和切割,给金融监管增加难度。中央政府应将近年各地自发的地方性股权交易规范化、合法化,为我国中小企业的健康发展开辟了一条新的融资渠道。

第三,为了解决高新技术企业的产权交易和转让问题,应积极稳妥地发展地方产权交易市场。从我国国情出发,地方性科技产权交易市场应该兼顾高技术、新技术和中度适应技术等企业的普遍需要，成为普遍适用的中小企业产权交易市场，在条件成熟的地方甚至可以建设成特殊柜台市场，从而为形成多层次资本市场体系结构奠定基础。

1.3 区域板股权交易市场概述

区域性股权交易市场（下称区域股权市场）是为特定区域内的企业提供股权、债券的转让和融资服务的私募市场，是我国多层次资本市场的重要组成部分，也是我国多层次资本市场建设中必不可少的部分。对于促进企业特别是中小微企业股权交易和融资，鼓励科技创新和激活民间资本，加强对实体经济薄弱环节的支持，具有积极作用。

目前，我国建成并初具规模的区域股权市场有：青海股权交易中心、天津股权交易所、齐鲁股权托管交易中心、上海股权托管交易中心、武汉股权托管交易中心、重庆股份转让系统、前海股权交易中心、广州股权交易中心、浙江股权交易中心、江苏股权交易中心、大连股权托管交易中心、海峡股权托管交易中心、青岛蓝海股权交易中心等十几家股权交易市场。

区域股权市场也就是我们俗称的四板市场，也是本书所称的区域板市场。笔者在调研全国各区域板股权交易市场后发现，其审批流程、操作模式、金融导向、政府支持、企业响应等方面大同小异，因此，本书选取某省份股权交易中心为模板介绍企业区域板挂牌上市的实务。

1.3.1 股权交易市场概况实例

某省份股权交易中心概况

（1）各省份股权交易中心的设立

区域版股权交易市场的名称和设立程序基本相同，其机构名称一般被称之为股权交易中心、股权交易所、股权托管中心或者股权交易市场（以某省份为例，以下简称股权交易中心）。设立的程序首先要经国务院同意，按照中国人民银行等十几个部委批复的财富管理金融综合改革试验区总体方案中"研究探索理财产品专业交易机制，提高理财产品流动性。依法合规组建区域性股权交易市场，促进社会财富与中小企业股权投融资对接"要求，或者是关于设立某省份股权交易中心的批复要求，再由该省份或副省级的市人民政府正式批准设立。

股权交易中心一般采取坚持"政府监管、券商主导、市场化运作"的运营原则，由例如中信证券股份有限公司、国信证券股份有限公司、中信证券在各省份的有限责任公司、所在省份或地市的担保中心和财富中心等多家专业机构共同发起设立。

股权交易中心是各省份多层次资本市场重要的组成部分，立足伴企业共成长的定位，强化"诚信、创新、协同、共赢"等理念，以让平凡的企业变得更优秀、让优秀的企业成为行业标杆为使命，为中小企业成长提供全方位、立体式综合金融服务。

（2）某省份股权交易中心的经营方向

股权交易中心突出财富管理、券商主导、蓝色经济、外向金融四大优势，主要为各类股权、债权、其他金融产品、金融工具及其衍生产品的登记、托管、挂牌、鉴证、转让、过户、结算、分红派息提供场所、设施和服务；提供融资、并购、资本运作及前述业务相关的查询信息、培训、咨询、评级、财务顾问服务；提供融资理财、委托投资、项目投资、投资管理等业务服务。

（3）某省份股权交易中心的设计理念

股权交易中心贴近企业实际需求，设计"一市三板"的业务格局，即"零门槛"的企业综合展示板、"强调信息披露为主"的企业挂牌交易板和各类金融产品的交易展示板。为更好地服务挂牌、展示企业，中心全力打造企业股权债权服务平台、中小企业融资平台、财富管理产品交易平台、综合服务平台等四大业务平台，形成直接融资与间接融资、财富管理与综合服务、线上与线下相结合的网格化服务体系，致力打造适于中小企业成长的生态圈层。

股权交易中心是目前国内唯一一家与券商深度合作的区域性股权交易市场，发挥券商主导优势，与证券公司在人员培训、产品研发、销售渠道、投资机构合作等方面充分对接，陆续推出中小企业私募债、非公开定向发行工具、债权收益权、资产证券化等各类融资服务产品，进一步加大对企业的服务力度，努力成为国家财富管理金融综合改革的探索平台。

（4）某省份股权交易中心的组织架构

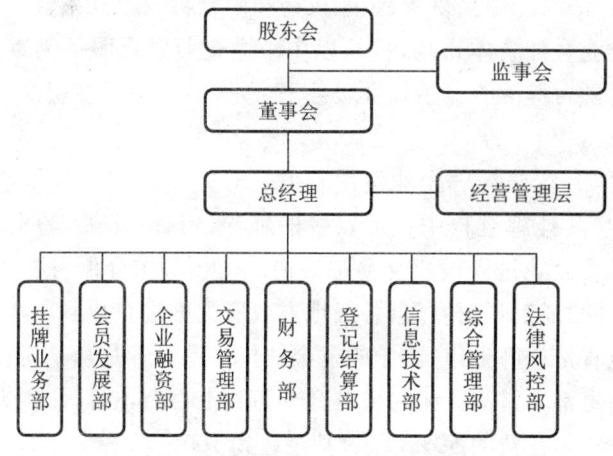

图1-2　某省份股权交易中心组织架构

（5）政府部门对实体经济政策引导

为进一步推进金融体制改革，支持实体经济发展，各级地方政府以政府的名义或者以各级地方政府金融部门的名义，抑或相关部门联合的形式下发支持所在地股权交易中心和扶持所在地挂牌上市企业的政策、文件、批复、办法、通知、意见。

例如：某省份首先以省级人民政府的名义下达设立关于同意设立股权交易中心的批复，同时，制定关于进一步加强财源建设工作的意见和关于进一步鼓励小企业创业创新发展的意见。

并在此基础上,会同股权交易中心所在地财政局、经济和信息化委员会、科学技术局、工商行政管理局等下发关于支持股权交易中心服务实体经济发展有关事项的通知。

政策、文件、批复、办法、通知、意见的形式有所不同,但是其主旨大同小异。

例如:做好拟挂牌企业的培育。股权交易中心要加强对挂牌企业资源的筛选与培育,积极协调解决企业改制、托管、挂牌和交易过程中涉及的相关问题,引导支持企业挂牌融资。引导鼓励拟登陆沪深证券交易所、全国中小企业股份转让系统的后备企业在股权交易中心先行挂牌规范。股权交易中心要加强与证券监管部门、沪深证券交易所、金融机构和中介机构等联系合作,联合推动企业登陆资本市场,打造以中小微企业融资服务为重点、以资本要素为特征的金融综合服务平台,进一步完善多层次资本市场体系。

再如:实施挂牌企业费用补助。对完成股权交易中心挂牌的企业,其挂牌过程中实际发生的辅导、审计、律师、验资、资产评估以及企业进入股权交易中心内部审核等中介服务费用给予一定补助。通过调研发现,各级地方政府为鼓励企业到所在省份,或其他省份挂牌上市,给予的资金扶持补助不管是从绝对值上还是比例上都非常高。绝对值在几十万到上百万不等,比例上一般为企业实际花费的50%以上,甚至达到100%。

又如:推动发行中小微企业私募债等直接债务融资。鼓励支持股权交易中心与担保公司、再担保公司建立增信机制,为中小微企业融资提供增信。中小微企业利用私募债等直接债务融资工具实现融资,担保费和反担保费也给予一定的补助。

还比如:优化工商登记服务。要求工商行政管理部门要与股权交易中心建立有效的信息互通和工作协同机制。在股权交易中心挂牌和托管的企业,应当告知其注册所在地工商行政管理部门。在股权交易中心挂牌和托管的企业发生股东变更、股权出质的,应持股权交易中心出具的有关股权结构证明和其他相关材料,到工商行政管理部门办理股东变更、股权出质设立登记。

当然,还要要求股权交易中心拓展相关业务,防范相关风险。

充分发挥股权交易中心的平台作用,推动小额贷款公司、担保公司、民间资本管理公司等具有融资性功能非上市公司的股权登记托管到股权交易中心集中办理。鼓励股权交易中心围绕中小微企业实际需求,依法探索开展金融资产、知识产权、环境权等综合交易服务。

做好风险防范和处置工作,股权交易中心的日常监管由省、市金融部门会同工商管理部门负责,要按照《国务院关于清理整顿各类交易场所切实防范金融风险的决定》等要求,建立健全交易品种、交易方式等日常业务监管制度,加强合规监管,提高监管能力和水平。省、市金融部门要会同证监等部门建立风险应急协调处置工作机制,指导股权交易中心制定风险处置预案。股权交易中心要严格遵守国家有关法律法规,坚持公开、公平、公正的原则,规范开展业务活动,建立完善投资者适当性管理等制度,落实风险控制及投资者合法权益保护措施,切实维护投资者合法权益。

1.3.2 股权交易市场制度设计实务

股权交易中心设立之初要重视自身完善和对券商、会员单位、挂牌企业的管理。制定"×××股权交易中心管理办法""×××股权交易中心股权业务管理办法""×××股权交易中心会员业务管理办法""×××股权交易中心风险控制管理办法等严格的管理办法"等严密的业务规则,并在实际运作过程中不断修订完善。

需要强调的是,这些制度方法在不同阶段已经完备完善。之所以修订,是伴随着中心的发展、挂牌企业规模和类型等需要对一些具体条款的调整。

列示部分主要管理办法,便于企业更好地了解区域板股权交易市场,使企业不断规范、完善,向资本市场发展;便于券商、会计师事务所、律师事务所操作企业挂牌实务。

（1）股权交易中心管理办法

股权交易中心的管理办法是股权交易中心的纲领性文件，内容应该涵盖股权交易中心的所有业务。一般采取分章、分节、逐条的方法进行编制，并展示给相关的机构、会员、企业和中心的所有相关业务人员，以便于各自遵照执行。

第一章一般为总则或者称为首则，描述股权交易中心的办法制定依据，授权机构、交易原则和中心的组织架构等。

例如：

> 第一章　总　则
> 第一条　为促进×××股权交易市场规范健康发展，加强对×××股权交易中心有限公司（以下简称×××股权交易中心）的管理，保护投资者的合法权益，根据《中华人民共和国公司法》《中华人民共和国证券法》、中国证监会《关于规范证券公司参与区域性股权交易市场的指导意见（试行）》等有关法律、法规的规定，制定本办法。
> 第二条　经××省（或××市）人民政府授权，省（或市）金融部门依法依规履行监督管理×××股权交易中心及其下属机构职责，维护市场秩序，保障其合法运行。
> 第三条　企业在×××股权交易中心从事挂牌、转让、融资、登记、托管、结算等活动，应当遵循合法、平等、自愿和诚实信用的原则。
> 第四条　×××股权交易中心和参与企业挂牌、转让、融资、登记、托管、结算等活动的各相关主体，应当遵守《中华人民共和国公司法》《中华人民共和国证券法》等有关法律、法规、规章和本办法的规定。

第二章描述股权交易中心的业务范围，并且说明在这些业务范围内该股权交易中心的对应职责以及相关细则的项目。

例如：

第二章 业务范围

第五条 ×××股权交易中心是为非上市公司提供企业挂牌、登记、托管、转让、展示;为各类股权、债权、金融产品、资产支持证券、理财产品等提供交易服务;为企业提供融资、投资并购等综合金融服务,履行有关法律、法规、规章规定职责的企业法人。

第六条 股权交易中心按照有关规定履行下列职责:

(一)制定和修改有关业务规则和操作细则;

(二)为股权、债权和其他权益类产品的挂牌、转让、融资、登记、托管、结算等提供场所、设施和服务;

(三)接受股权、债权和其他权益类产品的挂牌、融资、托管等事项的备案申请;

(四)管理和发布市场信息;

(五)为企业挂牌、融资等提供咨询、中介等综合服务;

(六)开展投资者教育工作;

(七)储备上市或挂牌公司资源;

(八)协助落实地方政府扶持中小微企业发展的政策措施,并向监管部门提供政策参考;

(九)组织和监督股权交易活动,处理违规行为;

(十)有关法律、法规、规范性文件和监管部门赋予的其他职责。

第七条 ×××股权交易中心应当按照有关规定制定和及时修订会员管理、挂牌和转让、股权托管、登记结算、信息披露、投资者适当性管理等业务规则及其他与市场活动有关的实施细则。

第三章要描述其主要的业务规则。因为在整个区域板拟挂牌企业的操作流程中,企业的推荐材料、审计报告、法律意见等都是由股权交易中心的会员单位完成,因此,首先要对会员单位的战略方针、管理模式、管理方法进行限定或者阐述。

例如：

> 第三章 业务规则
>
> 第一节 会员管理
>
> 第八条 参与提供股权挂牌、转让有关服务的各类机构应当取得×××股权交易中心相关会员资格，以会员身份开展业务。
>
> 第九条 对于符合条件的证券公司、投资管理公司等机构，经×××股权交易中心认可后，可以接受其成为推荐机构会员，从事推荐挂牌、股份报价、私募债券承销、代理买卖、定向股权融资、投资咨询等业务。
>
> 第十条 对于符合条件的会计师事务所、律师事务所、资产评估事务所等机构，经×××股权交易中心认可后，可以接受其成为专业服务机构会员，从事相关法律、审计、验资、评估等专业服务业务。
>
> 第十一条 对于符合条件的银行、保险、信托、券商、基金公司等机构及其分支机构，经青岛股权交易中心认可，可以接受其成为战略会员，从事推荐挂牌、股份或股权的报价和转让、定向增资、私募债券承销、代理买卖、投资咨询、自营投资等两项以上的综合业务服务。
>
> 第十二条 严禁会员擅自将业务资格以任何形式交由其他机构和个人使用。

企业在股权交易中心挂牌上市的目的，首先是企业获得展示的机会，其次是资金的募集。那么，在资金募集过程中自然涉及挂牌、股权的转让、股权转让过程中的资金结算。因此，作为股权交易中心的管理办法应该对挂牌和股权转让过程中的融资事项进行单独的管理阐述。

例如：

第二节 挂牌和非公开融资

第十三条 ×××股权交易中心应当建立科学规范的运作机制,对推荐机构会员推荐的股权、债权、其他权益类产品的挂牌以及挂牌公司非公开融资等事项,遵循独立、客观、公正、审慎的原则进行备案并形式审查,备案审查通过后可安排其在×××股权交易中心挂牌、非公开融资等。

第十四条 ×××股权交易中心接受的挂牌公司、私募债券发行企业应当按照法律、行政法规和公司章程的规定,合法规范经营,明确主营业务,健全公司治理机制,履行信息披露义务。

第三节 转 让

第十五条 ×××股权交易中心应当按照国家有关规定,为投资者提供网上或柜台报价、转让等服务,并通过网站和行情系统等渠道及时、准确地发布报价和成交信息。

第十六条 ×××股权交易中心可依据业务规则暂停或恢复挂牌公司的股权转让。

第十七条 ×××股权交易中心可依据业务规则终止挂牌公司挂牌。当挂牌公司获准在境内外有关资本市场挂牌或上市时,×××股权交易中心须为其办理终止挂牌手续。

第十八条 国有股权挂牌、转让及国有控股公司增资扩股,按照国家和省有关国有资产管理的法律、法规和相关规定办理。

第四节 登记结算

第十九条 ×××股权交易中心应当设立登记结算机构,为股权、债权和其他权益类产品的挂牌、交易、融资或转让等提供登记、存管和结算等服务。

第二十条 ×××股权交易中心应当做好股权登记管理及股权和资金的清算交收工作,建立投资者资金第三方存管制度。

> 第二十一条 ×××股权交易中心应当为投资者开立独立的股权账户,并通过从事代理买卖业务的机构为投资者开立资金账户,为投资者提供交易结算等服务。
>
> 第二十二条 ×××股权交易中心应当建立挂牌公司股东持股情况的档案资料,并根据有关法律、法规、规章和业务规则规定,对挂牌公司股东在交易转让过程中的持股变动情况进行监督和即时统计。

同时,在这个章节应当将涉及会员单位、挂牌企业的风险控制、档案管理、保密要求等事项进行规范。

例如:

> 第五节 其 他
>
> 第二十三条 ×××股权交易中心应当按照本办法规定,建立健全各项制度,加强对业务活动的管理、风险控制以及对挂牌公司、会员、投资者等的监督管理。
>
> 第二十四条 ×××股权交易中心及其会员应当妥善保存股权交易中产生的委托资料、交易记录、清算文件等。
>
> 第二十五条 ×××股权交易中心应当对投资者进行适当性管理,要求参与转让的投资者应为符合条件的企业、自然人和其他组织,积极开展投资者培训服务工作。
>
> 第二十六条 ×××股权交易中心应当对投资者信息和账户信息予以保密。×××股权交易中心及其下属机构应当按照法律的规定,协助有权机关查询、冻结、扣划正在办理挂牌、转让、融资、登记、托管、结算等服务或接受备案申请的股权、债权和其他权益类产品或变价款项。

另外,作为股权交易中心的纲领性文件,还要对本中心的自我管理、自我监督事项进行规范。

例如:

第四章 监督管理

第二十七条 ×××股权交易中心办理下列事项,应当接受监管部门事前监督和指导:

(一)制定或修改公司章程、有关业务规则及操作细则;

(二)变更经营范围;

(三)设立子公司、分支机构;

(四)分立、合并或解散等变更公司形式;

(五)变更住所或营业场所;

(六)法律、法规及规范性文件规定的其他报批事项。

第二十八条 ×××股权交易中心在遇有下列重大事项时,应当及时向监管部门报告:

(一)×××股权交易中心挂牌公司、会员、投资者和×××股权交易中心工作人员存在或者可能存在严重违反有关法律、法规、规章、政策规定的行为;

(二)存在可能引致严重违反有关法律、法规、规章规定的潜在风险;

(三)虽然国家有关法律、法规、规章未做明确规定,但会对×××股权交易中心产生重大影响的事项;

(四)×××股权交易中心认为需报告的其他异常情形。

第二十九条 ×××股权交易中心及其下属机构的董事、监事、高级管理人员及其他工作人员不得以任何方式泄露或者利用尚未披露的信息,不得以任何方式从×××股权交易中心的挂牌公司、会员和投资者处获取不当利益。

第三十条 ×××股权交易中心及其下属机构的董事、监事、高级管理人员及其他工作人员在履行职责时,遇到与本人或者其近亲属等有利害关系情形的,应当回避。

第三十一条 ×××股权交易中心定期向监管部门提供挂牌企业、会员、投资者等市场参与主体的有关资料。

第三十二条　×××股权交易中心定期向监管部门提供股权交易市场的市场信息、业务文件和其他有关数据、资料。

　　第三十三条　×××股权交易中心及其子公司的业务、财务状况，或者其他有关事项自觉接受监管部门的监督检查。

　　第五章　违规责任

　　第三十四条　×××股权交易中心针对不同的业务类型制定相应的违规处理规则，并依据规定对违规行为进行处理。

　　第三十五条　×××股权交易中心自觉接受监管部门的监管，对自身的违规行为，接受监管部门和有关管理部门依法依规做出的处理。

　　第三十六条　×××股权交易中心工作人员自觉接受监管部门的监管，对自身违规行为，接受监管部门和有关管理部门依法依规做出的处理。对违规情节特别严重涉嫌犯罪的工作人员，移交司法机关追究其法律责任。

　　办法的最后就是附则。对修改完善的程序、解释的权力和实施的起始日期等进行规范。

　　（2）股权交易中心股权业务管理办法

　　对股权业务的管理和操作，有限责任公司、股份有限公司进行股权（股份、股权、出资额等以下统称为"股权"）转让等业务，应当依据《中华人民共和国公司法》（以下简称《公司法》）、中国证监会《关于规范证券公司参与区域性股权交易市场的指导意见》以及该股权交易中心的《×××股权交易中心管理办法》等有关规定执行。

　　股权业务，是指本中心及符合条件的中介机构以其自有或租用的业务设施，为公司提供股权转让、定向增资等服务并受其委托代办其股权转让、定向增资等服务的业务。

　　明确参与股权业务的公司、中介机构、投资者等应遵循自愿、有偿、诚实信用的原则，遵守本办法及相关业务规则的规定。

参与股权业务的各方应以协议的方式约定各自的权利、义务与责任。而且参与股权业务的中介机构应先申请成为本中心的会员,并以会员的身份开展工作。在开展工作的过程中中介机构应勤勉尽责地履行职责。

对拟挂牌公司应按照本中心的规定履行信息披露义务,可参照上市公司信息披露要求,自愿进行更为充分的信息披露。参与挂牌公司股权转让、定向增资的投资者,应符合股权交易中心投资者适当性的要求,具备充分的产品认知能力、风险控制与承受能力,审慎决定是否参与市场交易。

股权交易中心的会员分为推荐机构会员、专业服务机构会员、交易商会员和战略会员。以某省份股权交易中心为例,将不同类别的会员介绍如下。

例如:

申请成为会员,应同时具备下列基本条件:
(一)依法设立的机构或组织;
(二)具有良好的信誉和经营业绩;
(三)认可并遵照执行本中心业务规则,按规定缴纳有关费用;
(四)最近24个月不存在重大违法违规行为,且未受到监管部门或其他部门的行政处罚。

申请成为推荐机构会员,除应具备基本条件外,还必须为经国家金融管理部门依法批准设立的证券公司、银行等金融机构或经本中心认定的其他机构,并同时具备下列条件:
(一)最近一期末经审计机构确认的净资产不少于人民币1000万元;
(二)最近一年度或一期财务报表未被注册会计师出具保留意见、否定意见或无法表示意见的审计报告;
(三)具有开展企业挂牌上市、投资咨询或资信调查等尽职调查相关工作经验;

（四）具有财务、法律、行业分析等方面的专业人员。

申请成为专业服务机构会员，除应具备基本条件外，还必须为依法设立的律师事务所、会计师事务所、担保公司、资产评估事务所以及本中心认定的其他专业服务机构，并同时具备下列条件：

（一）依法成立的从事法律、审计、资信评级、资产评估、担保等业务的相关机构；

（二）具有业务资格的人员数量在10人以上；

（三）上一年度业务收入不少于人民币500万元；

（四）机构依法设立3年以上。

申请成为交易商会员，除应具备基本条件外，还应为依法批准设立的具有证券经纪业务资格的证券公司及其经本中心认定的分支机构；或为经本中心认定的同时具备下列指定条件的其他机构：

（一）上一年度或最近一期末经审计机构审计的注册资本和净资产均不少于人民币2000万元；

（二）具有交易代理、投资咨询等相关工作经验；

（三）已制订开展交易代理业务的实施方案和业务规则；

（四）具备必要的信息技术条件。

对于符合条件的银行、保险、信托、券商、基金公司等机构及其分支机构，经本中心认定，可以申请作为战略会员。战略会员可利用本中心平台从事推荐挂牌、股权的报价和转让、定向增资、私募债券承销、代理买卖、投资咨询、自营投资等两项以上的综合业务服务。申请成为战略会员的机构，本中心将根据其具体情况认定其入会条件。

机构或组织申请会员资格的流程，一般首先向股权交易中心提出书面申请，经股权交易中心同意后方可成为会员。申请过程中提交的相关资料，能够证明拟申请会员具备股权交易中心所要求的各类条件。

不同类别的会员，参与股权交易中心的业务类型自然也不一样。

推荐机构会员一般可作为推荐人或财务顾问参与股权交易中心的公司改制、挂牌及挂牌公司定向增资等相关业务。推荐机构会员在推荐公司挂牌等相关业务中,应勤勉尽责地进行尽职调查和内部审核,认真编制申请文件,并承担相应责任。同时,推荐机构会员应持续督导挂牌公司规范履行信息披露义务、完善公司治理结构、规范运作。推荐机构会员在发现挂牌公司及其董事、监事、高级管理人员存在违法、违规行为或对公司生产经营有重大影响的风险事件时,应及时警示挂牌公司及其相关人员,同时报告股权交易中心。另外,推荐机构会员应按照股权交易中心的要求,调查或协助调查指定事项,并将调查结果及时报告股权交易中心。

专业服务机构会员可为公司进入股权交易中心挂牌、挂牌公司进行定向增资等提供法律、审计、验资、评估及其他专业服务,专业服务机构会员应对其出具的相关报告承担相应责任。

交易商会员可以为投资者提供合规、高效开户、股权交易、清算交割、分红派息、投资咨询服务,同时,按照股权交易中心统一要求,进行有关业务宣讲推介、投资者保护等活动。

股权交易中心除了对会员单位进行业务管理,其更为重要的工作就是对拟挂牌公司进行管理。对拟挂牌公司进行基本条件的设定,不同的股权交易市场和同一股权交易市场的不同阶段都不尽相同。首先是不同区域的经济发展状况不同;其次是每个股权交易中心在不同发展阶段的板块需求不同。一般对欠发达地区的拟挂牌公司设定较为宽松的基本条件;在有板块需求、培育发展需求阶段,对拟挂牌公司设定较低一点的基本条件。

以中国东部某省份设立初期对拟挂牌公司的基本条件为例。

(一)依法设立且存续满1个会计年度(符合国家产业政策的可适当放宽条件);有限责任公司按原账面净资产值折股整体变更为股份有限公司的,持续经营时间可以从有限责任公司成立之日起计算;

(二)主营业务明确,具备持续经营能力;

（三）股权清晰，治理结构健全，运作规范；

（四）股东/股东会/股东大会、执行董事/董事会通过申请挂牌的决议，同意公司到本中心挂牌、登记托管并接受监管，承诺履行有关信息披露义务。

公司申请在股权交易中心挂牌，应委托推荐机构会员向股权交易中心推荐。申请挂牌的公司应与推荐机构会员签订推荐挂牌协议。

推荐机构会员应对申请挂牌的公司进行尽职调查，同意推荐的，向股权交易中心报送申请文件。股权交易中心对其审核同意的挂牌申请，并将有关文件报送所在省、市金融部门备案。

对挂牌期间的时限要求、流通股权数量等，应当在该业务规则管理办法中予以规范。

例如：

股权交易中心对其审核同意的挂牌申请，自受理之日起二十个工作日内将有关文件报送××市金融办公室备案。

在公司取得股权交易中心出具的同意其挂牌的通知后，推荐机构会员应督促公司在规定的时间内完成全部股权在本中心的集中登记。

公司控股股东或实际控制人挂牌前直接或间接持有的股权分二批进入股权交易中心转让，每批解禁的数量均为其所持股权的二分之一。解禁的时间分别为挂牌后依法依约可转让之日、挂牌后依法依约可转让之日期满一年。控股股东、实际控制人依照《公司法》的规定认定。同时，适用于挂牌前六个月内控股股东或实际控制人直接或间接持有的股权进行过转让。

挂牌前六个月内挂牌公司进行过增资，货币出资新增股权自工商变更登记之日起满六个月可进入股权交易中心转让，非货币财产出资新增股权自工商变更登记之日起满十二个月可进入股权交易中心转让，法律、法规另有规定的从其规定。

因送股、转增资本等形式进行权益分派导致所持股权增加，应按原持权数量的锁定比例进行锁定。

因司法裁决、继承以及特殊情况下的协议转让等原因导致有限售期的股权发生转移的，后续持有人仍需遵守前述规定。

股权解除转让限制进入股权交易中心转让，应由挂牌公司向股权交易中心提出书面申请，经股权交易中心确认后，办理解除限售登记。

挂牌公司董事、监事、高级管理人员所持公司股权按《公司法》的有关规定应进行或解除转让限制的，应由挂牌公司向股权交易中心提出申请，经股权交易中心确认后，办理相关手续。

挂牌公司召开董事会审议定向增资事项前，应向股权交易中心申请暂停股权转让并发布公告。

挂牌公司应向股权交易中心提交定向增资所必需的材料，公司及其相关人员须对所提交材料的合法性、真实性、准确性、完整性、有效性负责。

股权交易中心在收到定向增资备案文件后，对定向增资备案材料进行审核。备案审核通过的，企业办理定向增资股权托管登记，由股权交易中心出具《定向增资备案完成通知书》，发布恢复股权转让公告。

定向增资中，货币出资新增股权自股权在股权交易中心登记之日起即可转让；非货币出资新增股权自股权在股权交易中心登记之日起六个月内不得转让。公司董事、监事、高级管理人员、控股股东或实际控制人所持新增股权按照《公司法》及其他相关规定进行转让，其余新增股权可一次性进入股权交易中心进行转让。

挂牌公司定向增资可由公司自行负责完成，也可聘请其在股权交易中心挂牌的推荐机构或该推荐机构认可并具备相应资质的第三方作为财务顾问协助完成，并须按照股权交易中心的相关规定办理。挂牌公司、财务顾问只能向特定的投资者定向发出增资邀请，不得利用各种方法、手段公开或变相公开募集资金。

挂牌公司可聘请财务顾问负责定向增资,并由其对公司进行尽职调查和撰写融资方案,负责寻找投资人和相关推介等事项。挂牌公司聘请定向增资财务顾问的,须签订财务顾问协议,就定向增资中的各方权利、义务进行明确规定。

增资后挂牌公司股东人数应符合国家法律、法规的规定。挂牌公司属于特殊行业的,其新增股东资格应经相关部门事先批准。

公司在册股东可以优先认购新增股权。增资价格的确定应合法、合理、公允,不得损害新老股东的利益。

同时,限定财务顾问不得协助其进行定向增资的情况。例如,挂牌公司存在下列情况之一不得定向增资:

(一)未按照股权交易中心规定履行信息披露或其他应尽的义务;

(二)最近一年财务报表被注册会计师出具保留意见、否定意见或无法表示意见的审计报告;

(三)挂牌后股权转让存在不合法、不合规的情形;

(四)存在挂牌公司权益被控股股东或实际控制人严重损害且尚未消除的情形;

(五)挂牌公司及其附属公司有重大或有负债;

(六)现任董事、监事、高级管理人员未对公司勤勉尽责地履行义务,且存在尚未消除的损害挂牌公司利益的情形;

(七)挂牌公司及其现任董事、监事、高级管理人员存在因涉嫌犯罪正被司法机关立案侦查,且对挂牌公司生产经营产生重大影响的情形;

(八)存在其他尚未消除的严重损害股东合法权益和社会公共利益的情形。

关于股权转让一般规定挂牌公司股权应通过股权交易中心转让,法律、法规及有关政策另有规定的除外。投资者买卖挂牌公司股权,应开立登记账户和资金账户。之后可以通过网上交易、股权交易中心柜台委托或者委托代理买卖机构办理,在股权交易中心柜台或代理买卖机构开立资金账户,资金存入银行第三方存管账户。

挂牌公司股权转让时间可以参照A股股权交易市场的时间。

遇法定节假日和其他特殊情况,股权暂停转让。转让时间内因故暂停的,转让时间不顺延。

投资者买卖挂牌公司股权,应按照相关规定缴纳税费,股权交易中心不代征税费。应在其公司所在地税务机关缴纳。

股权交易中心的股权转让系统提供协议转让方式。投资者可委托中心柜台或代理买卖机构在股权转让系统发布买卖意向,达成转让意向的,通过股权转让系统确认成交。

一般情况下,股权转让价格实行涨跌幅限制,涨跌幅比例限制为前成交均价的 ±30%,挂牌公司股权成交首日及股权交易中心认定的其他情形不设涨跌幅限制。

投资者委托股权交易中心交易分为意向委托、定价委托和成交确认委托。

意向委托是指投资者委托代理买卖机构按其指定价格和数量买卖股权的意向指令,意向委托不具有成交功能。

定价委托是指投资者委托代理买卖机构按其指定价格买卖不超过其指定数量股权的指令。

成交确认委托是指买卖双方达成成交协议,或投资者拟与定价委托成交,委托代理买卖机构以指定价格和数量与指定对手方确认成交的指令。

意向委托、定价委托和成交确认委托均可撤销,但已经股权转让系统确认成交的委托不得撤销或变更。

意向委托和定价委托应注明产品代码、客户代码、买卖方向、申报价格、申报数量、申报有效期、资金密码等内容,其中意向委托还应注明成交方式、联系人及联系电话。

成交确认委托应注明产品代码、客户代码、买卖方向、申报价格、申报数量、协议编号、资金密码等内容,其中有限责任公司无申报价格及申报数量,应注明出资额及成交金额。

委托的股权数量以"股"为单位,每笔委托股权数量应为1000股或其整数倍。投资者股份转让账户中某一股份余额不足

1000股的,应一次性委托卖出。股权的报价单位为"每股价格"。报价最小变动单位为0.01元。

股权转让分为申报、成交、结算、信息发布四个环节。以下是某省份股权交易中心关于四个环节的操作规程,供读者参考。

例如:

(一)申报

股权交易中心及代理买卖机构应通过专用通道,按接受投资者委托的时间先后顺序向股权转让系统申报。

股权交易中心及代理买卖机构收到投资者卖出或买入股权的委托后应验证卖方股权转让账户和买方资金账户,如果卖方股权余额或买方资金余额不足,不得向股权转让系统申报。

代理买卖机构应按股权交易中心有关规定妥善保管委托、申报记录和凭证。

(二)成交

投资者与挂牌公司达成转让意向后,可各自委托股权交易中心或代理买卖机构进行定价申报或成交确认申报。

投资者拟与定价委托成交的,可委托股权交易中心或代理买卖机构进行定价点选成交或成交确认申报。

股权转让系统收到代理买卖机构的定价申报和成交确认申报后,验证卖方股权转让账户和买方资金账户,如果卖方股权余额或买方资金余额不足,股权转让系统不接受该笔申报,并反馈至代理买卖机构。

股权转让系统收到拟与定价申报成交的点选定价成交申报后,如系统中无对应的定价申报,该点选定价成交申报以撤单处理。

股权转让系统对通过验证的点选定价成交申报和定价申报信息进行匹配核对。核对无误的,股权转让系统予以确认成交,并向股权登记结算系统发送成交确认结果。

多笔点选定价成交申报与一笔定价申报匹配的,按时间优先的原则匹配成交。

点选定价成交申报与定价申报可以部分成交。

点选定价成交申报股权数量小于定价申报的,以点选定价成交申报的股权数量为成交股权数量。定价申报未成交股权数量不小于1000股的,该定价申报继续有效;小于1000股的,以撤单处理,点选定价成交申报股权数量大于定价申报的,以定价申报的股权数量为成交股权数量。点选定价成交申报未成交部分以撤单处理。

例如:

> （三）结算
>
> 股权交易中心负责办理股权转让双方的股权和资金的清算交收。
>
> 股权交易中心按照货银对付的原则,为挂牌公司股权转让提供逐笔全额非担保交收服务。
>
> 股权交易中心在每个交易日终根据股权转让系统成交确认结果,进行投资者之间股权和资金的逐笔清算。
>
> 股权交易中心办理股权和资金的交收,并通过中心或代理买卖机构将交收结果反馈给投资者。
>
> （四）报价和成交信息发布
>
> 股权转让时间内,股权转让系统通过指定网站和股权转让行情系统发布最新的报价信息和成交信息,代理买卖机构应在其经营场所披露最新的报价信息和成交信息。
>
> 报价信息包括:实时揭示意向委托和定价委托的委托类别、股权名称、股权代码、买卖方向、买卖价格、买卖数量、联系人和联系方式等。
>
> 实时揭示前成交均价、当日最高价、当日最低价、当日加权平均价、最新成交价、当日总成交笔数、总成交量、总成交金额等,并逐笔揭示当日成交的股权名称、股权代码、成交价格、成交数量等。公司挂牌首日,前成交均价为该股权最近一期经审计的每股净资产。

挂牌公司向所在股权交易中心外境内外有关资本市场申请上市或挂牌,股权交易中心自相关机构正式受理其申请材料的次一交易日起暂停其股权转让,直至上市或挂牌结果公告日。

挂牌公司涉及无先例或存在不确定性因素的重大事项需要暂停股权转让,股权交易中心有权暂停其股权转让,直至造成重大影响情形消除、重大事项获得许可或不确定性因素消除。

因重大事项暂停股权转让时间原则上不得超过三个月。暂停期间,挂牌公司至少应每月披露一次重大事项的进展情况、未能恢复股权转让的原因及预计恢复股权转让的时间。

挂牌公司出现进入破产清算程序、在境内、外有关资本市场上市或挂牌等股权交易中心可以终止挂牌。

关于股权交易中心对会员单位及其工作人员、挂牌公司及其工作人员的违规处理,可以参照某省份股权交易中心的相关规范。

例如:

> 会员违反本办法及股权交易中心其他规则,股权交易中心责令其改正,视情节轻重给予其以下处理,并记入会员诚信档案:
>
> (一)谈话提醒;
>
> (二)警告;
>
> (三)通报批评;
>
> (四)谴责;
>
> (五)暂停受理其报送的申请文件或出具的相关报告;
>
> (六)取消会员资格。
>
> 会员的相关工作人员违反本办法及股权交易中心其他规则,股权交易中心责令其改正,视情节轻重给予其以下处理,并记入从业人员诚信档案:
>
> (一)谈话提醒;
>
> (二)警告;
>
> (三)通报批评;
>
> (四)谴责;

（五）暂停其从事相关业务的资格；

（六）认定其不适合任职；

（七）责令所在机构给予处分。

挂牌公司违反本办法及股权交易中心其他规则，股权交易中心责令其改正，视情节轻重给予其以下处理，并记入挂牌公司诚信档案：

（一）谈话提醒；

（二）警告；

（三）通报批评；

（四）谴责；

（五）暂停其股权转让；

（六）暂停其开展定向增资等业务；

（七）终止挂牌。

挂牌公司董事、监事、高级管理人员违反本办法及股权交易中心其他规则，股权交易中心责令其改正，视情节轻重给予其以下处理，并记入挂牌公司董事、监事、高级管理人员诚信档案：

（一）谈话提醒；

（二）警告；

（三）通报批评；

（四）谴责；

（五）责令所在公司给予处分。

投资者违反本办法及股权交易中心其他规则，股权交易中心责令其改正，视情节轻重给予其以下处理，并记入投资者诚信档案：

（一）谈话提醒；

（二）警告；

（三）通报批评；

（四）谴责；

（五）暂停其参与挂牌公司股权转让。

会员、挂牌公司及其相关工作人员开展业务和投资者参与挂牌公司股权转让过程中,若存在违反法律、法规及有关政策性规定的行为,股权交易中心除自行处理和向上级主管部门汇报外,视情节也可以向有关国家机关或部门申请依法查处。

(3) 股权交易中心会员业务管理办法

会员参与股权交易中心股权、债权、其他金融产品的挂牌、发行、转让、登记托管等业务应遵守法律法规、政策性规定和股权交易中心相关业务规则。诚实守信,规范运作并受股权交易中心管理。

机构或组织申请会员资格,应根据股权交易中心会员管理相关制度规定,向股权交易中心提出书面申请,经股权交易中心审核同意后方可获得相应会员资格。对会员资格的条件和管理可以参照某省份股权交易中心的相关规范。

申请成为股权交易中心会员可以参照某省份股权交易中心的相关规范。

例如:

> 会员,应同时具备下列基本条件:
> (一) 依法设立的机构或组织;
> (二) 具有良好的信誉和经营业绩;
> (三) 认可并遵照执行本中心业务规则,按规定缴纳有关费用;
> (四) 最近二十四个月不存在重大违法违规行为,且未受到监管部门或其他部门的行政处罚。
> 股权交易中心的会员分为推荐机构会员、专业服务机构会员、交易商会员、战略会员。
> 申请成为推荐机构会员,除应具备规定的基本条件外,还应为经国家金融管理部门依法批准设立的证券公司、银行等金融机构以及经股权交易中心认定的其他机构,并同时具备下列条件:
> (一) 上一年度或最近一期末经审计机构确认的净资产不少于人民币 500 万元;

(二)最近一年度或一期财务报表未被注册会计师出具保留意见、否定意见或无法表示意见的审计报告;

(三)具有开展企业挂牌上市、投资咨询或资信调查等尽职调查相关工作经验;

(四)具有财务、法律、行业分析等方面的专业人员。

申请成为专业服务机构会员,除应具备基本条件外,还应为依法成立的律师事务所、会计师事务所、担保公司、资产评估事务所以及股权交易中心认定的其他专业服务机构,并同时具备下列条件:

(一)依法成立的从事法律、审计、资信评级、资产评估、担保等业务的相关机构;

(二)具有业务资格的人员数量在10人以上;

(三)上一年度业务收入不少于人民币500万元;

(四)机构依法设立3年以上。

申请成为交易商会员,除应具备基本条件外,还应为依法批准设立的具有证券经纪业务资格的证券公司及其经股权交易中心认定的分支机构;或为经股权交易中心认定的同时具备下列指定条件的其他机构:

(一)上一年度或最近一期末经审计机构审计的注册资本和净资产均不少于人民币2000万元;

(二)具有交易代理、投资咨询等相关工作经验;

(三)已制定开展交易代理业务的实施方案和业务规则;

(四)具备必要的信息技术条件。

对于符合条件的银行、保险、信托、券商、基金公司等机构及其分支机构,经股权交易中心认定后,可以申请作为战略会员。战略会员可利用股权交易中心平台从事推荐挂牌、股份或股权的报价和转让、定向增资、私募债券承销、代理买卖、投资咨询、自营投资等两项以上的综合业务服务。

申请成为战略会员的机构,股权交易中心将根据其具体情况认定其入会条件。

申请成为会员,应向股权交易中心提交能够证明会员资格、会员条件的相关文件,股权交易中心设定不同会员的权利义务。

基本的文件资料如下。

例如:

> (一)入会申请书;
> (二)入会登记表;
> (三)自律承诺书;
> (四)营业执照或其他合法执业证照;
> (五)公司章程或设立协议。

申请成为推荐机构会员,除应向股权交易中心提交规定的基本文件外,还应提交下列文件。

例如:

> (一)上一年度审计报告或最近一期的财务报表(设立未满一年的应提交最近一次验资报告);
> (二)推荐业务管理部门设置及人员配备方案;
> (三)开展尽职调查相关工作经验的证明材料,专业人员的资质证明材料;
> (四)内部控制和风险控制制度设置及运作情况说明。

申请成为专业服务机构会员,除应向股权交易中心提交规定的基本文件外,还应提交下列文件。

例如:

> (一)上一年度审计报告或最近一期的财务报表(设立未满一年的应提交最近一次验资报告);
> (二)机构基本情况、相关业务人员资质证明、人员配备材料等。

申请成为交易商会员,除应向股权交易中心提交规定的基本文件外,还应提交下列文件。

例如:

(一)上一年度审计报告或最近一期的财务报表(设立未满一年的应提交最近一次验资报告);
(二)业务管理部门设置及人员配备方案;
(三)专业人员的资质证明材料;
(四)开展代理买卖业务的实施方案和业务规则;
(五)支持开展代理买卖业务信息系统情况说明;
(六)内部控制和风险控制制度设置及运作情况说明。

申请成为战略会员,除应向股权交易中心提交规定的基本文件外,还应提交下列文件。

例如:

(一)上一年度审计报告或最近一期的财务报表(设立未满一年的应提交最近一次验资报告);
(二)从事中心业务相关的业务管理部门设置及人员配备方案;
(三)内部控制和风险控制制度设置及运作情况说明。

会员的基本权利如下。

例如:

(一)参加会员大会;
(二)对股权交易中心业务开展和产品开发的建议权和参与权;
(三)参与股权交易中心组织的市场推介、开发及培训活动;
(四)取得股权交易中心的创新业务资格;
(五)享受股权交易中心提供的其他服务。

会员的基本义务如下。

例如：

> （一）遵守法律、法规、政策性规定及股权交易中心业务管理办法和规则；
>
> （二）依法依规开展业务，接受股权交易中心监督，促进中心与会员共同发展；
>
> （三）对所服务企业的商业机密和其他重要信息承担保密责任；
>
> （四）妥善保存非上市股份公司挂牌业务及挂牌公司定向增发业务的工作资料，保存期不少于十年；
>
> （五）按时缴纳会费；
>
> （六）股权交易中心规定的其他义务。

推荐机构会员在享有基本权利并承担基本义务的基础上，须勤勉尽责地履行相关职责。其中包括但不限于在开展推荐非上市公司挂牌、发行私募债券等相关业务时进行尽职调查和内部审核，编制申请文件，并承担相应责任；对拟推荐挂牌非上市公司，发行私募债券公司的全体董事、监事、高级管理人员及其他相关人员进行辅导，使其了解相关法律、法规、政策性规定和主办机构推荐非上市公司进入股权交易中心挂牌协议书所规定的权利、义务和责任；负责实施所推荐挂牌公司的定向增发；指导和督促所推荐挂牌公司、发行私募债券公司依照股权交易中心信息披露规则，真实、准确、完整、及时地披露各项信息；发现挂牌公司、发行私募债券公司及其董事、监事、高级管理人员存在违法、违规行为或对公司生产经营有重大影响的风险事件时，须及时警示挂牌公司及其相关人员，同时报告股权交易中心；按照股权交易中心的要求，调查或协助调查指定事项，并将调查结果及时向股权交易中心报告。

专业服务机构会员在享有基本权利并承担基本义务的基础

上,应勤勉尽责地为公司推荐承销、私募债券承销、挂牌公司定向增资等提供法律、审计、验资、担保、评估及其他专业服务。

交易商会员在享有基本权利并承担基本义务的基础上,须勤勉尽责地履行相关职责。其中包括但不限于根据股权交易中心相关要求,通过股权交易中心交易平台,为投资者提供合规、高效的开户、股权交易、清算交割、分红派息等服务;为投资者提供业务指导及投资咨询服务;按照股权交易中心统一要求,进行有关业务宣传推介、投资者保护等活动。

不同省份对会员单位的会费标准、奖惩措施、后期管理不同,不具有一般意义上的共性。也不具备法律上的实质意义,在此不再赘述。

第2章

区域板股权交易市场运营实务

2.1 挂牌与信息披露业务实务

2.1.1 股权交易市场挂牌业务规则实务

（1）挂牌业务总则

为规范推荐机构会员推荐符合条件的拟挂牌公司进入区域板股权交易中心进行股权挂牌交易业务，明确挂牌公司、推荐机构会员及相关各方职责，应当设立专门的股权交易市场挂牌业务规则。挂牌业务规则的制定可以参照非上市股份公司股权业务管理的相关办法。

第一步，拟挂牌公司在股权交易中心申请挂牌，应委托该股权交易中心推荐机构会员向股权交易中心推荐，企业与推荐机构双方签订推荐挂牌协议。

推荐机构会员应当遵循勤勉尽责、诚实守信的原则，对申请挂牌的拟挂牌公司进行尽职调查，同意推荐挂牌的，应出具尽职调查报告，并向股权交易中心报送推荐挂牌申请文件。

第二步，股权交易中心对推荐机构会员报送的申请文件进行审核，审核同意后将有关文件报送当地政府金融工作主管部门备案。

在业务规则中需要强调，推荐机构会员、有关专业服务机构及相关人员不得利用在挂牌业务中获取的尚未披露信息为自己或他人谋取利益。

（2）明确挂牌条件

股权交易中心的应当在其挂牌业务规则中明确拟挂牌企业的基本条件，以便会员单位和拟挂牌企业对照。基本条件一般包括企业存续期限、营业收入、利润额度、资产负债率指标等。

某股权交易中心做出如下基本条件。

例如：

> （一）依法成立且存续期满十二个月；（高科技企业，国家相关政策支持的企业可适当放宽）
> （二）主营业务明确，具备持续经营能力；
> （三）股权清晰，治理结构健全；
> （四）股东（大）会通过申请挂牌的决议，同意公司到交易中心挂牌、登记托管并接受监管，承诺履行信息披露义务。

（3）会员单位业务人员设置

推荐机构会员应当建立健全推荐工作的内部控制体系和尽职调查工作指引，严格控制风险，提高推荐业务整体质量。

推荐机构会员应对每个项目建立独立的推荐工作底稿，真实、准确、完整地反映整个推荐工作的全过程。对每家拟挂牌公司成立专门项目小组，负责尽职调查，起草尽职调查报告，制作申请文件（备案材料）等。

项目小组应由推荐机构会员内部人员组成，至少为两人，其中须包括具有财务和法律知识或相关工作经验的人员。项目小组成员分工负责拟推荐的拟挂牌公司财务、法律和行业等事项的调查工作，并且应在项目小组中指定一名负责人，对项目负全面责任。项目小组负责人应具有两年以上（含两年）证券业相关工作经验,或者参与并成功完成两个以上(含两个)推荐挂牌项目。

参与挂牌业务的会计师事务所、资产评估事务所、律师事务所须指派专人负责该项工作。所有参与项目人员最近三年内有违法、违规记录的人员,不得参与挂牌业务。

持有拟推荐、拟挂牌公司股份,且在拟挂牌公司中任职或存在其他可能影响其公正履行职责情形的人员,不得参与该拟挂牌公司的挂牌业务。

(4)尽职调查规则

项目人员应按照尽职调查工作指引的要求勤勉尽责地开展尽职调查工作,督促拟挂牌公司保证披露信息的真实、准确、完整。

项目小组尽职调查范围至少应包括挂牌说明书中所涉及的事项。并且项目小组完成尽职调查工作后,应出具尽职调查报告,项目小组各成员应在尽职调查报告上签名,并声明对其负责。

(5)挂牌材料的报送与审核

推荐机构会员对完成的全部挂牌材料,需经内部审核后向股权交易中心报送,报送内容一般包括如下申请文件。

例如:

> (一)拟挂牌公司进入交易中心挂牌的申请;
> (二)挂牌说明书;
> (三)拟挂牌公司与推荐机构会员签订的挂牌协议;
> (四)拟挂牌公司股东(大)会、董事会挂牌的决议及股东(大)会授权董事会处理有关事宜的决议;
> (五)经具有股权交易中心服务商会员资格的会计师事务所审计的最近一个会计年度的审计报告及最近一期财务报告;
> (六)经具有股权交易中心服务商会员资格的律师事务所出具的关于本次挂牌的法律意见书;
> (七)推荐机构会员关于拟挂牌公司的尽职调查报告;
> (八)推荐机构会员自律情况说明;

（九）推荐机构会员对拟挂牌公司挂牌备案文件电子文档与纸质文档保持一致的声明；

（十）拟挂牌公司全体董事、监事、高级管理人员对于相关备案文件不存在虚假记载、误导性陈述或重大遗漏，并对其真实性、准确性、完整性承担单独和连带的法律责任的承诺；

（十一）拟挂牌公司融资涉及国有资产管理、外资管理、环境保护、土地管理等事项，取得的有关部门批准文件（如有融资计划）；

（十二）股权交易中心要求的其他文件。

其中，挂牌说明书部分应当至少包含以下内容：

（一）拟挂牌公司声明、风险揭示与重大事项提示；

（二）拟挂牌公司基本情况与股权结构；

（三）董事、监事、高级管理人员及核心技术人员；

（四）拟挂牌公司业务和核心竞争力情况；

（五）股份或股权挂牌与锁定期限安排；

（六）推荐与备案情况；

（七）拟挂牌公司业务发展目标及其风险因素；

（八）拟挂牌公司的公司治理情况；

（九）拟挂牌公司财务会计信息；

（十）信息披露的具体内容和方式；

（十一）拟挂牌公司融资方案（如有融资计划）；

（十二）拟挂牌公司融资用途说明（如有融资计划）；

（十三）拟挂牌公司盈利预测审核报告，盈利预测期间为融资完成当年及下一个会计年度（如有融资计划）。

股权交易中心在收到推荐机构会员报送的备案文件后，同意受理的，在5个工作日内（具体的时限各股权交易中心依据自己的情况在其挂牌业务规则中自行制定，本书采用了多家股权交易中心的一个平均时限，下同）出具受理函。申请文件一经受理，未经股权交易中心同意不得增加、撤回或更换。

股权交易中心应当对包括但不限于下列事项进行审核。

例如：

（一）申请文件是否齐备；

（二）推荐机构会员是否已按照尽职调查工作指引的要求，对拟挂牌公司进行了充分的尽职调查，出具的结论是否恰当；

（三）拟挂牌公司拟披露的信息是否符合信息披露规则的要求；

（四）拟挂牌公司是否符合基本挂牌条件；

（五）中心要求的其他事项。

股权交易中心对其审核同意的推荐挂牌申请，自受理之日起20个工作日内将有关文件报送所在省市金融主管部门备案。股权交易中心要求推荐机构会员对申请文件补充或修改的，受理申请文件的时间自股权交易中心收到推荐机构会员的补充或修改意见的下一工作日起重新计算。

（6）股份（股权）托管登记的规则

拟挂牌公司在取得股权交易中心出具的同意其挂牌的通知后，推荐机构会员向股权交易中心申请拟挂牌公司的股份简称及代码。股权交易中心在2个工作日内核定拟挂牌公司的简称及分配代码。

拟挂牌公司应在核定简称及分配代码后的2个工作日内与股权交易中心签订登记、挂牌等协议书，办理全部股份或股权的集中登记。

拟挂牌公司办理股份或股权登记，须向股权交易中心提供如下材料。

例如：

> （一）拟挂牌公司股份或股权登记申请表；
> （二）法定代表人授权委托书；
> （三）自然人股东股份或股权登记名册（包括电子文本）；
> （四）法人股东股份或股权登记名册（包括电子文本）；
> （五）股东（大）会关于同意公司股份或股权登记的决议；
> （六）董事会关于同意挂牌公司股份或股权登记的决议；
> （七）营业执照和组织机构代码证复印件；
> （八）拟挂牌公司章程；
> （九）工商部门股东数量及股东持股数量（比例）的查询单；
> （十）全体股东按《挂牌公司股东开户资料》提供完整、准确的开户资料。

（7）挂牌与挂牌仪式

企业在股权交易中心进行股份或股权登记完成后，股权交易中心在2个工作日内向拟挂牌公司出具挂牌通知书。拟挂牌公司须在接到挂牌通知书的20个工作日内进场挂牌。

挂牌业务是企业具有里程碑性质的时刻，一般会在股权交易中心举行挂牌仪式。挂牌仪式后，股权交易中心应当于当日在其资本市场公开网络平台发布企业股权相关信息，以便潜在投资者阅览。

（8）明确违规处理的办法

作为股权交易中心的挂牌业务规则，对涉及挂牌的会员单位、挂牌企业及其人员应当做出常见违规事项的处理办法。比如：约见谈话、通报批评、公开谴责、警告罚款、取消资格、暂停或终止为其提供股份或股权交易服务等措施，甚至是移交司法机关等措施。

2.1.2 投资者适当管理规则实务

企业进入资本市场的目的之一就是股权交易，所以潜在的和现有的投资者将在其中扮演重要的角色。股权交易中心应当对投资者的适当性进行管理,并制定较为详尽的管理规则。以求股权交易中心的平稳、规范、健康运行,防范风险,保护投资者的合法权益。

规则的制定可以参照《中华人民共和国公司法》《中华人民共和国证券法》《国务院关于清理整顿各类交易场所切实防范金融风险的决定》(国发〔2011〕38号)《国务院办公厅关于清理整顿各类交易场所的实施意见》(国办发〔2012〕37号)中国证监会《关于规范证券公司参与区域性股权交易市场的指导意见(试行)》(证监会公告〔2012〕20号)等法律、法规。

设立投资者适当管理规则,考察投资者对产品的认知水平和风险承受能力进行客观评估,选择适当的投资者开通和参与交易,建立以了解客户和分类管理为核心的客户管理和服务制度。

股权交易中心审慎评估各类挂牌品种的风险程度,并依此确定参与相应挂牌品种转让的合格投资者条件。

投资者参与挂牌品种转让必须符合本规则规定要求,能够承受与之相对应的风险。

(1) 股权转让投资者的合格标准

成为股权交易中心股份交易或股权转让业务合格的自然人投资者需至少满足以下条件之一。

例如:

> (一) 公司挂牌前的自然人股东;
> (二) 通过定向增资或股权激励持有公司股份或股权的自然人股东;
> (三) 因继承或司法裁决等原因持有公司股份或股权的自然人股东;
> (四) 个人名下的各类金融资产总额不低于人民币30万元(各个股权交易中心可以依据自己的发展阶段、金融产品的规模、拟投资者的数量等,设置金额标准,下同),接受对投资者基本情况、相关投资经历、财务状况和诚信状况的综合评估,并且综合评估结果达到规定标准的自然人。

成为股权交易中心合格的机构投资者需满足以下条件。

例如：

（一）经有关金融监管部门批准设立的金融机构，包括证券公司、基金管理公司、信托公司和保险公司以及其他合法合规的组织机构；

（二）金融机构面向投资者发行的理财产品，包括但不限于银行理财产品、信托产品、投连险产品、基金产品、证券公司资产管理产品等；

（三）公司挂牌前的法人股东；

（四）企业法人；

（五）合伙企业；

（六）经股权交易中心认可的其他合格投资者。

（2）私募债券转让投资者的合格标准

成为股权交易中心私募债券转让业务合格的自然人投资者需满足以下条件。

例如：

（一）私募债券挂牌前的原自然人持有人；

（二）个人名下的各类金融资产总额不低于人民币300万元，接受对投资者基本情况、相关投资经历、财务状况和诚信状况的综合评估，并且综合评估结果达到规定标准的自然人。

成为股权交易中心私募债券转让业务合格的机构投资者需满足以下条件。

例如：

（一）经有关金融监管部门批准设立的金融机构，包括银行、证券公司、基金管理公司、信托公司、保险公司以及其他合法合规的组织机构等；

(二)金融机构面向投资者发行的理财产品,包括但不限于银行理财产品、信托产品、投连险产品、基金产品、证券公司资产管理产品等;

(三)私募债券挂牌前的原法人持有人;

(四)企业法人;

(五)合伙企业;

(六)经股权交易中心认可的其他合格投资者。

(3)债权转让投资者的合格标准

成为股权交易中心债权转让合格的自然人投资者需满足以下条件。

例如:

(一)个人名下的各类金融资产总额不低于人民币5万元,接受对投资者基本情况、相关投资经历、财务状况和诚信状况的综合评估,并且综合评估结果达到规定标准的自然人;

(二)具有完全民事行为能力;

(三)能够识别并承担相应风险;

(四)自愿申请注册开户,接受股权交易中心管理;

(五)股权交易中心规定的其他条件。

成为股权交易中心债权转让合格机构投资者应符合下列条件。

例如:

(一)经有关金融监管部门批准设立的金融机构,包括银行、证券公司、基金管理公司、信托公司和保险公司以及其他合法合规的组织机构等;

(二)金融机构面向投资者发行的理财产品,包括但不限于银行理财产品、信托产品、投连险产品、基金产品、证券公司资产管理产品等;

(三)企业法人;

(四)合伙企业;

(五)经股权交易中心认可的其他合格投资者。

2.2 股权交易与报价业务实务

2.2.1 股权交易结算业务实务

为规范股权交易中心挂牌公司的股权交易行为,维护股权交易秩序,保护投资者合法权益,明确参与各方职责,本规则可以根据《公司法》《证券法》《股权交易中心非上市股份公司股权业务管理办法》及《股权交易中心股权业务管理办法》等有关规定制定。

挂牌公司股权转让应遵循公平、公正的原则,禁止欺诈等违法违规行为。股权交易中心会员和投资者参与挂牌公司股权转让应遵守有关法律法规、政策性规定及本中心相关业务规则,遵循自愿、有偿、诚实信用原则。

投资者进入股权交易中心从事股权转让业务,应按股权交易中心相关规定缴纳相关费用,费用标准可以单独制定收费办法,不列示在规则当中。

(1)转让系统和转让时间

挂牌公司股权转让应使用股权交易中心所提供的转让系统和设施。转让系统和设施由交易主机、交易单元、报盘系统、专用应用软件系统及相关的通信系统等组成。

挂牌公司股权转让日为每周一至周五,转让时间为上午9:15 至 11:30,下午 13:00 至 15:00。

遇法定节假日和本中心公告的暂停转让日,股权暂停转让。转让时间内因故暂停的,转让时间不顺延。

(2) 股份限售规则

挂牌公司控股股东或实际控制人在挂牌前,将直接或间接持有的股份分两批进入股权交易中心转让,每批解禁的数量均为其所持股份的二分之一,以确保股份交易期间的安全过度。解禁的时间分别为挂牌后依法依约可转让之日、挂牌后依法依约可转让之日期满一年。

控股股东、实际控制人依照《公司法》的规定认定。挂牌前6个月内控股股东或实际控制人将直接或间接持有的股份进行过转让的,该股份的管理适用《公司法》规定。

因送股、转增股本等形式进行权益分派导致所持股份增加的,应按原持股数量的锁定比例进行锁定。

因司法裁决、继承以及特殊情况下的协议转让等原因导致有限售期的股份发生转移的,后续持有人仍需遵守前述规定。

股份解除转让限制进入股权交易中心转让,应由挂牌公司向本中心提出书面申请,经本中心审核后,办理解除限售登记。

挂牌公司董事、监事、高级管理人员所持本公司股份按《公司法》的有关规定应进行或解除转让限制的,应由挂牌公司向股权交易中心提出申请,经股权交易中心审核后,办理相关手续。

(3) 股份转让规则

挂牌公司股份应通过股权交易中心或代理买卖机构办理转让,法律、法规及有关政策另有规定的除外。股权交易采用方式分为转让系统直接买卖、意向委托、定向委托、代理买卖。

投资者买卖挂牌公司股份,应持由股权交易中心登记账户和资金账户。投资者买卖挂牌公司股份,应委托股权交易中心或代理买卖机构办理,在股权交易中心或代理买卖机构开立资金账户,开通第三方存管,资金存入存管账户。

投资者委托股权交易中心或代理买卖机构在股权转让系统发布买卖意向,达成转让意向的,签订股权交易协议,通过股权转让系统确认成交。

股份转让价格实行涨跌幅限制,涨跌幅比例限制为前成交均价的±30%,挂牌公司股份成交首日及本中心认定的其他情形不设涨跌幅限制。

意向委托是指投资者委托股权交易中心或代理买卖机构按其确定价格和数量买卖股票的意向指令,意向委托不具有成交功能。意向委托应包括证券账户号码、证券代码、买卖方向、委托数量、委托价格、联系人、联系方式等内容。

定价委托是指投资者委托本中心或代理买卖机构按其指定的价格买卖不超过其指定数量股票的指令。定价委托应包括证券账户号码、证券代码、买卖方向、委托数量、委托价格等内容。

成交确认委托是指投资者买卖双方达成成交协议,或投资者拟与定价委托成交,委托本中心或代理买卖机构以指定价格和数量与指定对手方确认成交的指令。成交确认委托应包括:证券账户号码、证券代码、买卖方向、委托数量、委托价格、成交约定号等内容;拟与对手方通过互报成交确认委托方式成交的,还应注明对手方交易单元代码和对手方证券账户号码。

委托的股份数量以"股"为单位,每笔委托股份数量应为最小数量或其整数倍,股权交易中心确定的最小数量为1000股。投资者登记账户中某一股份余额不足最小数量的,应一次性委托卖出。

股票转让的计价单位为"每股价格"。股票转让的申报价格最小变动单位为0.01元人民币。按成交原则达成的价格不在最小价格变动单位范围内的,按照四舍五入原则取至相应的最小价格变动单位。

投资者委托可撤销,也可先撤销进行变更后再委托,但股权转让系统已经确认成交的委托不得撤销或变更。

代理买卖机构应通过专用通道,按接受投资者委托的时间先后顺序向股权转让系统申报。代理买卖机构收到投资者卖出或买入股份的委托后应验证卖方登记账户和买方资金账户,如果卖方股份余额或买方资金余额不足,不得向股权转让系统申报。同时,代理买卖机构应按有关规定妥善保管委托、申报记录和凭证。

（4）成交结算规则

股权转让系统收到代理买卖机构的申报后，验证卖方登记账户和买方资金账户，如果卖方股份余额或买方资金余额不足，股权转让系统不接受该笔申报，并反馈至代理买卖机构。

股权转让系统应对通过验证的成交确认申报和定价申报信息进行匹配核对。核对无误的，股权转让系统予以确认成交，并向股份登记结算系统发送成交确认结果。

多笔成交申报按时间优先、价格优先的原则匹配成交。股权交易的成交确认，以当天委托成交的清算结果为准。

股权交易中心按照货银对付的原则，为挂牌公司股权转让提供逐笔全额非担保交收服务。在每个转让日终根据股权转让系统成交确认结果，进行经纪业务会员之间股份和资金的逐笔清算。股权交易中心的办理代理买卖机构之间股份和资金的交收，代理买卖机构办理投资者股份和资金的交收。

投资者受让后转让或转让后受让同一挂牌公司的股份，时间间隔不得少于5个交易日。即：

投资者当天（T日）受让一挂牌公司的股份，在交收成功后，须于第五个工作日（T＋5日）才可再转让，但再受让不受T＋5日限制。

投资者当天（T日）转让一挂牌公司的股份，在交收成功后，须于第五个工作日（T＋5日）才可再受让，但再转让不受T＋5日限制。

2.2.2 报价与信息披露实务

（1）报价和成交信息发布

股权转让时间内，股权转让系统通过指定网站和股权转让行情系统发布最新的报价信息和成交信息，代理买卖机构应在其经营场所披露最新的报价信息和成交信息。

报价信息包括：实时揭示意向委托、定价委托和成交确认委托的委托类别、股份名称、股份代码、买卖方向、买卖价格、买卖数量、联系人和联系方式等。

成交信息包括：实时揭示前成交均价、当日最高价、当日最低价、当日加权平均价、最新成交价、当日总成交笔数、总成交量、总成交金额等，并逐笔揭示当日成交的股份名称、股份代码、成交价格、成交数量等。

采取协议转让方式的股票，开盘价为当日该股票的第一笔成交价。以当日最后30分钟转让时间的成交量加权平均价为当日收盘价。最后30分钟转让时间无成交的，以当日成交量加权平均价为当日收盘价。当日无成交的，以前收盘价为当日收盘价。

（2）除权与除息

挂牌股权发生权益分派、公积金转增股本、配股等情况，股权交易中心在权益登记日次一交易日对该股权做除权除息处理。

除权（息）参考价的计算公式为：

除权（息）参考价＝[（前收盘价－现金红利）＋配（新）股价格×流通股份变动比例] ÷（1＋流通股份变动比例）

除权（息）日即时行情中显示的该证券的前收盘价为除权（息）参考价。

（3）停牌、复牌与摘牌

挂牌公司依法不再具备股权挂牌条件的，股权交易中心终止其挂牌交易，并予以摘牌。

发生交易异常情况，导致市场部分或全部交易不能进行的，股权交易中心可以决定临时停市或停牌。

挂牌公司发生规定的临时停牌事项或股权交易中心认为合理的理由，应当申请对其挂牌股权实施临时停牌和复牌。导致临时停牌因素消除后，股权交易中心决定其自动复牌或由挂牌公司申请复牌。

第3章

区域板挂牌辅导上市企业实务

3.1 挂牌企业类型与意义

3.1.1 适合选择区域板股权交易市场挂牌企业的类型

(1) 有上市意愿,但暂不符合在主板、创业板上市或新三板挂牌条件的,或虽符合条件但不愿漫长等待,希望加快上市进度的企业。

(2) 已有一定的业务规模,但资金紧张制约业务规模的扩大,希望寻找合适投资者进行股权融资的企业。

(3) 希望借助资本市场力量寻求多方资源,扩大规模,做大做强,规范经营,为长远发展铺路的公司。

(4) 希望股份公开流通,获得市场定价,但不愿过多披露信息的企业。

(5) 具有创新业务模式,需要借助股权中心公开市场平台宣传、提升企业形象的企业。

3.1.2 企业选择区域板股权交易市场挂牌的意义

(1) 提升企业形象,增加品牌价值

中心平台汇聚了大量机构会员、投资者等资源,企业依赖本中心平台可以大大提高市场认知度。

（2）提高企业综合融资能力

企业挂牌后其规范度和透明度大幅提升,企业融资方式更加多样化。传统的融资手段包括:股权融资、通过发行私募债进行债权融资等直接融资方式,以及股权质押贷款等间接融资方式。

另外,股权交易中心会充分发挥平台作用及专业化优势,让更多的投资机构、银行等金融机构能够与企业融资需求相对接,从企业自身角度出发为其打造个性化融资方案,如各类债权的转让、个性化融资产品设计及销售等。

（3）实现资本定价,使资本增值

合理的资本定价是资本运作的基础,也是投资者谈判的客观对价依据;通过股份流动,发现企业价值,进一步实现资本增值,保证股东利益。

（4）完善公司治理,促进转板上市

提前熟悉资本市场规则,逐步完善治理结构,为上市做好准备;另一方面,通过低层次资本市场各项功能促使企业快速发展,加快上市进程。

（5）明晰股权,传承资产

股权登记托管,明确股权属,便于企业进行股权激励以及资产长久传承。通过四板市场先行梳理企业历史沿革,及早发现瑕疵,实现解决成本最小化。

> **编者按**
>
> 以下企业事项在区域板挂牌前并非逐项要求,部分事项是为企业辅导上市的检查。部分事项的存在需要进一步规范,但并不全是限制挂牌辅导上市的要求,部分专业性事项可以咨询相关机构、会计师事务所、律师事务所予以落实。

3.2 公司的主体资格

3.2.1 公司的设立和存续

公司应逐项核实下列事项,对存在的问题及时纠正、修改、变更、补救。

(1)公司名称不符合有关法律规定;(2)公司名称未经有权机关核准;(3)公司名称与驰名商标冲突;(4)公司注册资本低于法定经营项目最低限额;(5)公司的经营期限短于拟议交易的需求;(6)公司的经营期限届满未办理延期登记;(7)公司的设立未能取得有关机关的批准;(8)公司章程规定与《公司法》存在冲突;(9)公司法定代表人变更未办理相关登记;(10)公司的法定代表人资格不符合任职资格;(11)公司实际经营的业务与营业执照载明的内容不一致;(12)公司营业执照载明的经营范围与拟议交易冲突;(13)公司设立程序不规范;(14)公司实际使用的经营场所与工商登记不一致;(15)公司的法定住所使用住宅用房不符合不扰民规定;(16)公司未能通过最近年度的年度报告制度;(17)公司未签发出资证明书;(18)公司未设立股东名册;(19)公司未能及时办理组织机构代码证登记手续。

3.2.2 公司的股权登记与转让

公司应逐项核实下列事项,对存在的问题及时纠正、修改、变更、补救。

(1)转股价款未支付;(2)转股未履行适当的法律程序;(3)外商投资企业股权转让未按照评估值作价;(4)转股不符合公司章程的限制性规定;(5)支付给个人的转股价款溢价部分未予代扣代缴所得税;(6)转股未办理工商变更登记;(7)转股协议约定的转股生效条件未能满足;(8)股权转让未签发出资证明书;(9)有限责任公司未按照转股结果修改公司章程、股东名册;(10)董事、监事、高级管理人员转让股份不符合《公司法》、公司章程的有关规定;(11)受让方股东的身份对拟议交易造成影响;

（12）伪造转股文件，股权权属存在纠纷；（13）转股涉及的个人所得税纳税手续尚未办理。

3.3 股东的主体资格

3.3.1 公司的增减资与合并分立

公司应逐项核实下列事项，对存在的问题及时纠正、修改、变更、补救。

（1）公司的出资形式不符合当时有关法规的规定；（2）公司的注册资本未能按时缴清；（3）非货币出资未能办理过户手续；（4）股东以未评估的部分资产出资；（5）关于股东虚假出资；（6）关于以自身资产评估出资；（7）股东抽逃注册资本；（8）关于以实物出资使用假发票；（9）评估增值过大；（10）关于以划拨土地出资；（11）对公司出资中个人股东的巨额出资来源无法合理合法说明；（12）增资中某方股东未放弃对增资的优先认购权；（13）公司未向增资后的股东出具出资证明书；（14）公司未按照增资结果变更股东名册；（15）公司增资或者减资未取得有权机关的批准；（16）公司增资或者减资违反了章程中的限制性规定；（17）公司未按照法定程序减资；（18）公司类型变更程序对拟议交易存在影响；（19）合并、分立、解散不符合法定程序；（20）合并、分立、解散对拟议交易存在不利影响。

3.3.2 公司的股东资格界定

公司应逐项核实下列事项，对存在的问题及时纠正、修改、变更、补救。

（1）公司的登记股东与实际股东不一致；（2）公司的外方股东资格是否符合法律规定；（3）拟议交易中股东资格是否满足特殊行业的法律规定；（4）自然人设立的一人有限责任公司拥有多家一人有限责任公司；（5）股东是否满足公务员法等相关法规的规定；（6）股权质押可能造成股东变更；（7）股权质押是否合法有

效;(8)公司的注册资本来源于集资入股;(9)是否存在代持股东;(10)实际控制人是否对拟议交易存在影响;(11)工会作为公司的股东;(12)社团法人作为公司的股东;(13)公司实际控制人存在竞业禁止情形。

3.3.3 公司的董监高资格

公司应逐项核实下列事项,对存在的问题及时纠正、修改、变更、补救。

(1)公司的董事、高级管理人员不符合《公司法》规定的任职资格;(2)公司董事会、监事会的构成与公司章程不一致;(3)董事人数超过法定人数;(4)外商投资企业未设立监事会;(5)监事会的组成人员中无职工代表;(6)报告期内管理层发生重大不利变化;(7)报告期内管理层未能履行勤勉尽责义务。

3.4 公司的业务与投资

3.4.1 公司的业务经营资质与依赖

公司应逐项核实下列事项,对存在的问题及时纠正、修改、变更、补救。

(1)公司取得的经营资质与营业执照的经营范围不一致,超范围经营;(2)公司未取得其经营应当取得的经营资质;(3)公司取得的经营资质过期;(4)公司取得的经营资质未办理年检;(5)公司取得的经营资质未取得有权机关审批;(6)证载权利人与公司名称不一致;(7)公司实际情况不符合应取得经营资质的情况,存在被吊销的风险;(8)公司取得的经营资质属于暂定情况,存在被变更或撤销的风险;(9)公司在主要业务模式下的客户、供应商高度集中;(10)公司业务资质存在被吊销的风险;(11)公司因无业务存在被吊销营业执照风险;(12)公司签订的重大合同存在无法履行的法律风险;(13)公司签订的对其业务有重大限制的合同;(14)公司的采购、销售等业务系统对股东严重依赖;(15)公司存在技术依赖情况;(16)公司业务重大变更情况。

3.4.2 公司的分公司与投资

公司应逐项核实下列事项,对存在的问题及时纠正、修改、变更、补救。

(1)经营性的分支机构未取得经营执照;(2)分公司的营业范围超过总公司;(3)分公司的营业执照未及时办理年度报告;(4)分公司未办理税务登记;(5)公司投资于承担无限责任的企业;(6)公司的对外投资超过公司章程规定的限额;(7)公司的对外投资协议存在无效风险。

3.5 公司的资产与资金

3.5.1 公司的资产及产权

公司应逐项核实下列事项,对存在的问题及时纠正、修改、变更、补救。

(1)公司使用的土地未签订土地出让合同;(2)公司使用的土地未缴清土地出让金;(3)土地出让合同载明的出让金低于基准地价;(4)公司使用的土地的情况与土地出让合同约定的情况不一致;(5)公司对土地的使用与《土地出让合同》的约定不一致;(6)公司使用的土地未办理《国有建设用地使用权证书》;(7)公司的建设项目存在无法通过土地行政管理部门的检查核查的风险;(8)土地用途与国有土地使用证载明的内容不一致;(9)公司购买划拨土地及其地上房产未办理相关审批手续;(10)公司使用的土地为通过划拨方式取得,存在依法变更为出让土地的风险;(11)公司使用的土地为通过划拨方式取得,尚未办理出让手续;(12)公司购买破产企业的资产,其中涉及划拨土地;(13)国有企业以划拨土地上的厂房设定抵押;(14)公司取得出让土地的手续不符合有关招拍挂制度;(15)公司取得的项目用地系分割取得国有建设用地使用权证书;(16)公司使用的为农村集体所有的农用地;(17)公司自建的房产未办理房屋权属登记并领取房屋权属证书;(18)公司使用的房屋属于违反规划的建筑;(19)建设项目尚未办理规划许可证;(20)公司实际建设工程超过规划面积;(21)公司使用的房屋(在建工程)未办理《施工许可证》(或者其开工报告尚未被批准);(22)公司使用的房屋未适当办理建设项目竣工验收手续;(23)公司使用的房屋未办理建设项目竣工验收备案手续;(24)购买的房产未提供原始权属证明;(25)购买的房产存在权属瑕疵;(26)公司用地存在搬迁风险;(27)公司使用的土地使用权未能随地上房屋所有权一并转让;(28)所租赁房产的出租方不具备相关证书;(29)所租赁房屋的出租房未能提供房屋产权证明;(30)租赁房产未办理租赁登记。

3.5.2 公司的交易及审批

公司应逐项核实下列事项,对存在的问题及时纠正、修改、变更、补救。

(1)公司出具无真实贸易背景的承兑汇票;(2)公司违规使用发票;(3)公司的原始报表与申报报表存在重大差异;(4)公司的财务指标存在不合理变化;(5)公司存在对外担保风险;(6)公司曾经未按照股权比例分红;(7)专项资金被挪用;(8)公司的重大资产交易未取得适当内部批准。

3.6 公司的知识产权与环保安全

3.6.1 公司的知识产权

公司应逐项核实下列事项,对存在的问题及时纠正、修改、变更、补救。

(1)使用他人的注册商标,但未签订商标使用合同;(2)使用他人专利,但未签订专利许可使用合同;(3)使用他人注册商标,签订了合同,但未做备案登记;(4)使用他人专利,签订了合同,但未做备案登记;(5)使用他人享有著作权的作品,尚未签署许可使用合同;(6)公司未获得专利,但产品包装或宣传说产品获得专利;(7)公司持有的注册商标专用权到期未续费;(8)公司未能就享有的专利权按规定缴纳年费;(9)必须使用注册商标的商品,未经核准注册,就在市场销售;(10)受让他人商标尚未签署合同,也尚未办理公告;(11)公司使用的商标正在申办注册专用权;(12)公司的控股股东、董事、高级管理人员持有与公司业务存在竞争性的知识产权;(13)公司持有的专利即将到期。

3.6.2 公司的环保与安全

公司应逐项核实下列事项,对存在的问题及时纠正、修改、变更、补救。

(1)公司的建设项目尚未办理环保评价手续;(2)公司的建设项目尚未取得环保批复;(3)公司的建设项目环境状况发生重大变更,未能重新办理环评审批手续;(4)公司的建设项目越级取得环保批复;(5)公司就建设项目配套的环保设施不符合有关规定;(6)公司就建设项目配套的环保设施未投入使用;(7)建设项目试生产未经过环保部门批准;(8)租赁物业内建设项目未履行环保手续;(9)公司未领取排污许可证;(10)公司将产生严重污染的生产设备转移给没有污染防治能力的单位使用;(11)公司存在严重污染情况;(12)公司发生安全生产事故;(13)公司(特别是运输经营企业),尚未对车辆投保车身险、第三者责任险;(14)公司未投保应当投保的保险。

3.7 公司的税务事项与劳动人事

3.7.1 公司的涉税事项

公司应逐项核实下列事项,对存在的问题及时纠正、修改、变更、补救。

（1）公司未办理税务登记证；（2）公司的经营活动与申报纳税地址不一致；（3）公司的税务优惠待遇可能面临风险；（4）公司的税务优惠待遇尚待当地主管税务机关的确认；（5）地方政府给予的税收优惠缺乏法律依据；（6）公司以未分配利润转增资本，个人股股东未缴纳个人所得税；（7）公司享受的税收优惠政策面临变更；（8）公司以评估增值转增资本，未代扣代缴自然人股东的个人所得税；（9）公司设立时未代扣代缴自然人股东的个人所得税；（10）公司存在欠缴税款的情况；（11）公司存在补缴巨额税款的风险；（12）公司享受的高新技术企业税收优惠待遇存在障碍；（13）公司存在重大税收依赖的情况；（14）公司存在纳税延迟情况。

3.7.2 公司的劳动人事

公司应逐项核实下列事项，对存在的问题及时纠正、修改、变更、补救。

（1）公司未办理社会保险登记证；（2）公司尚未与员工订立书面劳动合同；（3）公司未依法与劳动者签订无固定期限劳动合同；（4）公司签订的劳动合同缺乏法定必备条款；（5）公司未将劳动合同交付劳动者本人；（6）公司签订的劳动合同试用期超过法定时限；（7）公司签订的劳动合同文本不符合《劳动合同法》关于竞业禁止的规定；（8）公司未能为所有员工及时足额缴纳社会保险费；（9）公司缴纳的社保险种少于法定险种。

第4章
区域板挂牌辅导上市推荐机构实务

4.1 制作关于股权挂牌的申请及授权文件

4.1.1 公司进入股权交易市场挂牌转让的申请

×××××有限公司
关于进入×××股权交易中心挂牌转让的申请

×××股权交易中心：

本公司是在××市工商行政管理局依法设立的有限公司。本公司业务独立，具有持续经营能力；不存在实质的同业竞争、显失公允的关联交易、额度较大的股东侵占资产等损害投资者利益的行为；在经营和管理上具备风险控制能力；公司治理结构健全，运作基本规范；股权转让行为合法合规，公司存续时间符合挂牌要求。

现申请进入贵股权交易中心挂牌进行股权转让。

（此页以下无正文）

×××××有限公司（公章）

法定代表人：_____

××××年××月××日

□□[实务贴士]

上述申请是拟挂牌公司向股权交易中心提交的申请,而该申请中列明的事项,正是推荐机构需要逐项核实的内容。也是推荐机构作为股权交易中心会员单位的一项义务。该申请的事项为推荐机构进行初步调查、编制股权交易说明书指明了工作方向。

4.1.2 关于股权交易市场挂牌交易的临时股东决定

×××××有限公司

股东临时股东会决议

×××××有限公司(以下简称公司)执行董事_____于_____年____月____日电话通知公司股东,_____年____月____日在_____召开临时股东会。

本次股东决定的做出符合《公司法》及《公司章程》的有关规定。出席会议的股东为_____,持有公司____%的股权;_____,持有公司____%的股权。会议合法有效。出席本次临时股东会的股东____人,拥有表决权____万股,占公司总股本的____%,其中对本决议投赞成票的____万股,占____%,无反对票和弃权票。根据《公司法》和《公司章程》,本决议有效通过。

本次临时股东决定的做出、出席会议人员资格及做出的程序符合《公司法》及《公司章程》的有关规定。

就公司股权拟申请在×××股权交易中心挂牌、登记托管事宜经股东决定:

1. 根据×××股权交易中心制定的《×××股权交易中心挂牌业务规则》《×××股权交易中心登记结算业务规则》,本次临时股东决定同意本公司股权在×××股权交易中心申请挂牌交易及登记托管业务。

2. 有关本公司申请挂牌交易及股权登记的具体事宜,股东授权公司执行董事负责办理所有相关事宜。

(此页以下无正文)

股东盖章及签署:_____

××××年××月××日

> **实务贴士**
>
> 首先,临时股东会决议的通知和召开时间在《公司法》中有比较详细的规定。其次,各股东的持股情况要以拟挂牌公司的工商登记机关的登记为准,所以推荐机构在审核上述临时股东会决议时,应该对照《公司法》中的相关条款,同时应当到工商登记机关调取拟挂牌公司的股权登记资料。

4.2 编制股权交易说明书

例如:

封面

> 区域性股权交易市场具有较高的投资风险,挂牌公司经营风险高,投资者面临较大的市场风险。投资者应充分了解区域性股权交易市场的投资风险及本公司所披露的风险因素,审慎做出投资决定。

××××× 有限公司
股权挂牌交易说明书

公司名称:××××× 有限公司

推荐机构:××××× 投资有限公司

日　　期:××××年××月××日

4.2.1 重要声明和提示

> **第一章 重要声明与提示**
>
> 本说明书的目的仅为向投资者提供有关本次挂牌交易的情况,投资者在做出交易决定之前,应仔细阅读该说明书全文,并以其作为投资决策依据。现就挂牌交易事宜做如下声明和提示:
>
> 一、本公司执行董事保证本股权挂牌交易说明书内容真实、准确、完整,执行董事承诺对该说明书的虚假记载、误导性陈述或重大遗漏承担单独和连带的法律责任。
>
> 二、本公司提醒投资者注意,凡说明书未涉及的有关内容,请投资者直接或通过×××股权交易中心向本公司查询。
>
> 三、根据《中华人民共和国公司法》及有关法律、行政法规和×××股权交易中心有关制度,本公司执行董事、监事、高级管理人员已依法履行诚信和勤勉尽责的义务和责任。
>
> 四、×××股权交易中心以及有关备案机构对本公司股权挂牌交易等有关事项的意见,均不表明对本公司的任何保证。
>
> 五、×××股权交易中心不承担任何由于政策和市场变化给股权挂牌交易和投资者带来的风险。

[实务贴士]

股权交易说明书的阅读对象除了股权交易中心外,更重要的是提供给投资者和潜在投资者阅读的文件。因此,在语言描述上的对象是拟挂牌公司对投资者和潜在投资者。

4.2.2 企业概况

> **第二章 概 览**
>
> 一、挂牌交易基本情况
>
> 挂牌交易基本情况应当列示公司名称、公司简称、注册资本、

实收资本、本次挂牌交易股权数量、挂牌交易地点等基本信息。

关于公司的简称,推荐机构需要和拟挂牌公司讨论确定,因为该简称即为将来在股权交易中心挂牌交易的名称。例如:A股市场中的"青岛海尔""首钢股份"等。

二、公司控股股东和实际控制人简介

在编制股权交易说明书时,可以描述为:经核查,推荐机构和经办律师认定×××为公司控股股东、实际控制人。

同时,应该将上述描述的依据做出说明。例如:股权控制比例、重大事项的决定权等。对股东和实际控制人描述时,法人股东需要描述其工商登记的基本信息;自然人股东要描述身份证件中的基本资料和接受教育、从事工作的简要经历。

三、挂牌公司主要财务数据

企业财务数据非企业真实数据,仅为编写需要进行数据虚构。拟挂牌公司的主要财务数据一般采用列示主要会计报表的方法,例如:资产负债表、利润表、现金流量表、所有者权益变动表等。

推荐机构在实际编写时,首先要按照股权交易中心的要求进行财务报表数据披露;同时,也要考虑企业的实际运营情况,披露能够说明企业的相关附表,便于股权交易说明书阅读者对该拟挂牌公司做详尽的了解。

在财务数据部分,还应该对财务数据所反映的重要财务信息进行描述,例如:企业的资产负债率、利润率、资产增长率等。

（一）按企业据实对外申报财务报告的各项财务数据

表4-1 资产负债表

编制单位:×××××有限公司　　2015年10月31日　　单位:人民币(元)

项目	附注	2015年10月31日	2014年12月31日	2013年12月31日
流动资产:				
货币资金	七(一)	296 836.51	365 183.95	206 836.51

续表

项目	附注	2015年10月31日	2014年12月31日	2013年12月31日
交易性金融资产				
应收票据				
应收账款	七(二)	3 090 504.51	2 147 285.88	813 143.81
预付款项				
应收利息				
应收股利				
其他应收款	七(三)	553 583.47	14 095.50	295 035.27
存货	七(四)	1 866 991.25	2 493 714.72	1 032 514.59
一年内到期的非流动资产				
其他流动资产				
流动资产合计		5 807 915.74	5 020 280.05	2 347 530.18
非流动资产:				
可供出售金融资产				
持有至到期投资				
长期应收款				
长期股权投资				
投资性房地产				
固定资产	七(五)	2 478 772.66	2 976 111.87	3 122 022.56
在建工程				
工程物资				
固定资产清理				
生产性生物资产				
油气资产				
无形资产				
商誉				
长期待摊费用				

续表

项目	附注	2015年10月31日	2014年12月31日	2013年12月31日
递延所得税资产				
其他非流动资产				
非流动资产合计		2 478 772.66	2 976 111.87	3 122 022.56
资产总计		8 286 688.40	7 996 391.92	5 469 552.74

表 4-2 资产负债表（续）

编制单位：×××××有限公司　　2015年10月31日　　单位：人民币（元）

项目	附注	2015年10月31日	2014年12月31日	2013年12月31日
流动负债：				
短期借款				
交易性金融负债				
应付票据				
应付账款	七(六)	2 684 420.01	3 436 134.41	1 120 568.24
预收款项				
应付职工薪酬	七(七)	97 603.00	39 556.00	
应交税费	七(八)	−50 190.81	−4 278.15	−8 839.47
应付利息				
应付股利				
其他应付款	七(九)	3 630 860.73	2 964 646.16	3 422 397.15
一年内到期的非流动负债				
其他流动负债				
流动负债合计		6 362 692.93	6 436 058.42	4 534 125.92
非流动负债：				
长期借款				
应付债券				
长期应付款				
专项应付款				

续表

项目	附注	2015年10月31日	2014年12月31日	2013年12月31日
预计负债				
递延所得税负债				
其他非流动负债				
非流动负债合计				
负债合计		6 362 692.93	6 436 058.42	4 534 125.92
所有者权益:				
股本	七(十)	500 000.00	500 000.00	500 000.00
资本公积				
减:库存股				
专项储备				
盈余公积				
未分配利润	七(十一)	1 423 995.47	1 060 333.50	435 426.82
所有者权益合计		1 923 995.47	1 560 333.50	935 426.82
负债和所有者权益总计		8 286 688.40	7 996 391.92	5 469 552.74

表4-3 利润表

编制单位:××××有限公司　　2015年1～10月　　单位:人民币(元)

项目	附注	2015年1～10月	2014年度	2013年度
一、营业收入	七(十二)	9 643 427.67	16 816 291.27	8 352 073.53
减:营业成本	七(十三)	8 621 848.23	15 118 340.05	7 565 478.22
营业税金及附加	七(十四)	17 466.50	45 173.00	
销售费用	七(十五)	29 551.56	202 956.63	54 790.00
管理费用	七(十六)	483 349.01	611 165.09	510 128.41
财务费用	七(十七)	6 329.74	5 447.59	374.00
资产减值损失				
加:公允价值变动收益				

续表

项目	附注	2015年1～10月	2014年度	2013年度
投资收益				
其中:对联营企业和合营企业的投资收益				
二、营业利润		484 882.63	833 208.91	221 302.90
加:营业外收入				
减:营业外支出	七(十八)			385.01
其中:非流动资产处置净损失				
三、利润总额		484 882.63	833 208.91	220 917.89
减:所得税费用	七(十九)	121 220.66	208 302.23	55 229.47
四、净利润		363 661.97	624 906.68	165 688.42

表4-4 现金流量表

编制单位:×××××有限公司　　2015年1～10月　　单位:人民币(元)

项目	附注	2015年1～10月	2014年度	2013年度
一、经营活动产生的现金流量				
销售商品、提供劳务收到的现金		9 667 991.77	17 208 274.74	9 287 207.11
收到的税费返还				
收到其他与经营活动有关的现金		666 214.57	280 939.77	1 676 281.99
经营活动现金流入小计		10 334 206.34	17 489 214.51	10 963 489.10
购买商品、接受劳务支付的现金		8 926 544.11	15 236 148.90	7 965 052.32
支付给职工以及为职工支付的现金		618 579.21	642 214.48	640 168.10
支付的各项税费		203 131.84	291 611.63	66 061.27
支付其他与经营活动有关的现金		600 313.91	702 538.40	479 494.23

续表

项目	附注	2015年1～10月	2014年度	2013年度
经营活动现金流出小计		10 348 569.07	16 872 513.41	9 150 775.92
经营活动产生的现金流量净额		−14 362.73	616 701.10	1 812 713.18
二、投资活动产生的现金流量				
收回投资收到的现金				
取得投资收益收到的现金				
收到其他与投资活动有关的现金				
投资活动现金流入小计				
购建固定资产、无形资产和其他长期资产支付的现金		53 984.71	458 353.66	1 848 262.75
投资支付的现金				
取得子公司及其他营业单位支付的现金净额				
支付其他与投资活动有关的现金				
投资活动现金流出小计		53 984.71	458 353.66	1 848 262.75
投资活动产生的现金流量净额		−53 984.71	−458 353.66	−1 848 262.75
三、筹资活动产生的现金流量				
吸收投资收到的现金				
取得借款收到的现金				
筹资活动现金流入小计				
偿还债务支付的现金				
分配股利、利润或偿付利息支付的现金				
筹资活动现金流出小计				

续表

项目	附注	2015年1~10月	2014年度	2013年度
筹资活动产生的现金流量净额				
四、汇率变动对现金及现金等价物的影响				
五、现金及现金等价物净增加额		−68 347.44	158 347.44	−35 549.57
加：年初现金及现金等价物余额		365 183.95	206 836.51	242 386.08
六、期末现金及现金等价物余额		296 836.51	365 183.95	206 836.51

表4-5 主要财务指标

财务指标	2015年10月31日	2014年12月31日	2013年12月31日
资产负债率(%)	76.78	80.49	82.90
流动比率(倍)	0.91	0.78	0.52
速动比率(倍)	0.62	0.39	0.29
应收账款周转率(次)	3.68	11.36	9.70
存货周转率(次)	3.95	8.57	7.30
销售毛利率(%)	10.59	10.10	9.42
销售净利率(%)	3.77	3.72	1.98
总资产报酬率(%)	5.96	12.38	4.76
净资产收益率(%)	20.87	50.08	19.43

四、本次挂牌的有关机构

(一)推荐机构

名　　称：×××××有限公司

办公地址：××市××路××号××大厦××层

法定代表人：×××

推荐经办人：×××、×××

电　　话：××××-××××××××

传　　真：××××-××××××××

（二）律师事务所

名　　称：×××律师事务所

办公地址：×××区××路××号××室

负 责 人：×××

经办律师：×××、×××

电　　话：××××-××××××××

（三）审计机构

名　　称：×××会计师事务所

办公地址：××市××路××号××大厦××层

负 责 人：×××

经办注册会计师：×××、×××

电　　话：××××-××××××××

传　　真：××××-××××××××

（四）挂牌的股权交易机构

名　　称：×××股权交易中心有限责任公司

注册地址：××市××区×××一路××号

电　　话：××××-××××××××

传　　真：××××-××××××××

（五）股权登记托管机构

名　　称：×××股权交易中心有限责任公司

注册地址：××市××区×××一路××号

电　　话：××××-××××××××

传　　真：××××-××××××××

□□ 实务贴士

　　推荐机构在编制股权交易说明书时，对上述机构的披露是必要的和必需的。而且一定是参与的阅读对象除了股权交易中心外，更重要的是提供给投资者和潜在投资者阅读的文件。因此，在语言描述上的称谓是拟挂牌公司对投资者和潜在投资者。

4.2.3 企业基本情况

第三章 公司基本情况

一、公司基本情况

名称	×××××有限公司
住所	××市××区××××
法定代表人	×××
工商注册号	×××××××××××××
注册资本	×××万元
企业类型	有限责任公司（自然人投资或控股）
股权结构	×××19.95万元 39.9%；×××30.05万元 60.1%
经营范围	从事××××××（依法须经批准的项目，经相关部门批准后方可开展经营活动）
经营期限	××××年
成立日期	××××年××月××日

□□[实务贴士]

股权交易说明书除了供股权交易中心阅读外，更重要的是作为提供给投资者和潜在投资者阅读的文件。因此，在语言描述上的称谓是针对拟挂牌公司对投资者和潜在投资者。

对企业基本情况描述时，还需要注意的是描述企业现在的基本情况信息。因为很多企业设立多年，期间会有一些基本信息的变化、变更，也就是说，描述其最新信息。

二、公司历史沿革

（一）公司设立

推荐机构在企业注册地工商行政管理机关调取企业注册登

记资料后,如实描述。例如:公司投资人、名称核准、验资报告、企业类型、经营范围、住所等信息。

例如:

> ×××× 有限公司由自然人×××、××× 共同出资设立,设立时注册资本为 ××× 万元,公司法定代表人为 ×××,公司住所为 ×× 市 ×× 区 ×× 路 ×× 号。设立时经营范围:×××、×××、×××。
>
> ×××× 年 ×× 月 ×× 日,×× 市工商行政管理局下发《企业名称预先核准通知书》,核准企业名称为"×××× 有限公司"。
>
> ×××× 年 ×× 月 ×× 日,××× 会计师事务所有限公司出具 ××× 号《验资报告》,经审验,截至 ×××× 年 ×× 月 ×× 日,××××× 有限公司(筹)已收到股东 ×××、××× 缴纳的注册资本合计人民币 ××× 万元。
>
> ×××× 年 ×× 月 ×× 日,×××× 有限公司在 ×× 市工商行政管理局登记成立,领取注册号为 ×××××××××××××××× 的《企业法人营业执照》,公司类型为有限责任公司(自然人投资或控股)。
>
> ×××× 有限公司成立时的股东出资情况如下:

序号	股东姓名	出资方式	出资金额(万元)	出资比例(%)
1	×××	实物	20.70	41.40
2	×××	实物	12.85	39.90
		货币	7.10	
3	×××	实物	9.35	18.70
	合计		50	100

(二)公司变更

推荐机构在企业注册地工商行政管理机关调取企业变更登记资料后,如实描述。例如:企业变更的决议、事项、时间等。依照时间顺序逐条逐项编写。编写时把握三个方面。第一，变更前的情况；第二，变更事项在企业内部履行了怎样的程序；第三，登记机关做出的决定，一般也就是变更后的情况。

例如：

> ××××年××月××日，×××××有限公司变更名称。企业原名为×××××有限公司。根据××××年××月××日×××××有限公司股东会决议、章程修正案，以及××××年××月××日取得××市工商行政管理局名称变更核准通知，变更为×××××有限公司。
>
> ××××年××月××日，××市工商行政管理局为×××××有限公司（原名称）换发了名称为×××××有限公司（变更后名称）的《企业法人营业执照》。

（三）中介机构核查意见

核查意见一般描述为：经推荐机构和经办律师核查，公司设立及历次变更履行了必要的内部批准程序、验资程序、完税手续，并办理了相应的工商登记手续，符合法律、法规及规范性文件的规定，合法、合规、真实、有效。

三、公司股权结构及股东情况

公司的股权结构和股东情况可以采用列表、画图等方法，反应股权比例、股东名称。

四、公司全资子公司、控股子公司、分公司情况

拟挂牌公司的全资子公司、控股子公司、分公司情况，如果存在则应该列示全资子公司、控股子公司、分公司的名称、住所、注册资金、实收资本、经营范围、法定代表人或企业负责人、经营期限以及拟挂牌公司的持股比例等信息。

如果不存在全资子公司、控股子公司、分公司情况，可以做如下描述。

例如:

> (一)子公司
> 截至本说明书出具之日,公司未设全资或控股子公司。
> (二)分公司
> 截至本说明书出具之日,公司未设分公司。

五、公司组织结构

公司的组织结构可以采用列表、画图等方法反应。必要时,可以描述各组织的职责。推荐机构进入拟挂牌公司初步调查阶段,可能有的公司没有成文的组织结构,或者现有的组织结构混乱。需要推荐机构协同企业、律师事务所等部门进行梳理,此处展示梳理后的拟挂牌公司组织架构。

六、公司的员工结构

公司的员工结构可以从大致三个方面进行描述。

首先是员工的基本情况,员工的总人数、员工的用工模式(自有员工或派遣模式)、男女比例、年龄构成、部门比例、学历层次等。推荐机构在进行描述时,可以采用文字描述、图表等方式,使材料阅读者能够清晰明了。

其次是员工签订用工合同、缴纳社会保险、住房公积金等情况,是否存在潜在用工的法律风险。

最后,将可能存在的潜在法律风险,公司需要拿出切实可行的治理方案,并且由公司实际控制人做出相关承诺。

例如:

> (一)员工的基本情况
> 截至本报告出具之日,公司共有职工28人,员工具体构成如下:
> 1. 按专业分

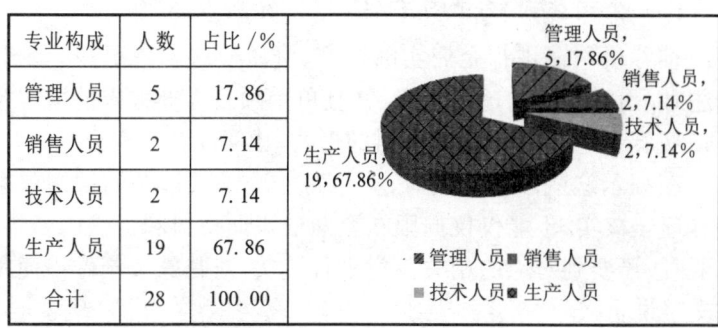

专业构成	人数	占比/%
管理人员	5	17.86
销售人员	2	7.14
技术人员	2	7.14
生产人员	19	67.86
合计	28	100.00

图 4-1　企业员工情况图 1

2. 按受教育程度分

学历情况	人数	占比/%
中专或高中	4	14.29
大专及以上	24	85.71
合计	28	100.00

图 4-2　企业员工情况图 2

（二）员工保险缴纳情况

1. 截至本报告出具之日，公司共有职工 28 人，均签订劳动合同，为 18 名员工缴纳社会保险，其他 10 名员工均为新加入公司员工，社会保险缴纳手续正在办理当中。公司实际控制人×××出具承诺：将尽快为新入职员工办理保险缴纳手续。

2. 实际控制人出具的承诺。

本人作为×××××有限公司实际控制人，对公司新进员工社保缴纳事项承诺如下：

公司按照劳动合同法及社会保险法等相关法律、法规的相关规定与公司全体职工签订劳动合同并缴纳社会保险。将尽快为新进员工办理保险缴纳手续。未来政府主管部门要求公司为尚未缴纳社会保险的职工补缴的社会保险金或由此产生的任何处罚或损失，由本人承担。

七、公司生产经营的主要资产、资质及权属情况

推荐机构在进行企业实际资产、资质及权属情况的列示和描述时,因为涉及的项目繁多,并且单个项目需要披露的内容也比较复杂,所以尽可能采用表格的形式,让阅读者一目了然。

在列示这些项目的同时,要将每一个项目涉及的披露信息进行逐一核实,不能仅仅局限在企业的账面资料和提供的资料。必要时,还要到对应的相关部门进行核实,对特殊资产做出简单的文字说明。

相关资产、资质及权属情况的表格形式如下。

例如:

(一)与生产经营有关的主要固定资产

公司主要设备原值及成新率情况如下表所示:

设备名称	购置日期	数量	原值(元)	成新率(%)	所有权人
×××	2010/10/31	1	117 000.00	63.21	×××(公司简称)
×××	2011/8/31	2	90 683.77	74.67	×××(公司简称)
×××	2011/8/31	2	157 679.10	75.53	×××(公司简称)
×××	2011/10/31	2	621 367.51	72.59	×××(公司简称)
×××	2011/10/31	1	226 495.72	71.41	×××(公司简称)
×××	2012/3/31	1	290 598.30	75.22	×××(公司简称)
×××	2013/12/31	1	376 068.36	87.92	×××(公司简称)
合计	—	—	1 879 892.76	—	—

(二)厂房

序号	位置	面积/m²	期限	备注
1	×××镇×××路	2 520	三十年使用权	已启用

(三)车辆

序号	车牌号码	品牌型号	购入日期	所有权人
1	鲁×××	货车××牌××型号	2010年9月29日	×××(公司简称)
2	鲁×××	轿车××牌××型号	2012年9月26日	×××(公司简称)
3	鲁×××	货车××牌××型号	2014年8月16日	×××(公司简称)

(四）无形资产

1. 土地

序号	土地使用权人	土地产权证号	坐落地点	土地面积/m²	类型	用途	终止期限	是否抵押

2. 商标

序号	权利人	注册号	商标	类别	注册有效期限

3. 专利

序号	专利名称	专利号	专利权人	状态	专利类型

九、公司的独立运营情况

公司的独立运营情况，一般描述资产的完整性和人员、财务、业务以及公司内部各部门的独立性。该部门内容的描述大同小异，一般描述如下。

（一）资产完整性

公司的资产与股东资产产权清晰、界定明确。公司资产完整，拥有独立的办公及其他设备。根据公司设立及历次注册资本变更有关文件和增资时的《验资报告》、银行出具的现金缴款单及完税证明，公司股东的认缴出资和历次增资的注册资本均已全部足额缴纳。经核查，公司资产、资质权属清晰，不存在公司的资产由其股东占有、使用的情形，不存在公司的资产与其股东的资产权属混同的情形。公司具有独立经营的能力，不存在与股东共享经营资产的情况。

公司资产独立完整。

（二）人员独立性

公司总经理等高级管理人员均专职在本公司工作并领取报酬，不存在在公司关联企业中担任除董事、监事以外的其他职务以及在公司关联企业领薪的情形。本公司执行董事、监事、总经理及其他高级管理人员均依合法程序选举或聘任。本公司员工独立于股东及其他关联方，已建立并独立执行劳动、人事及工资管理制度。

公司人员独立。

（三）财务独立性

本公司拥有独立的财务部门，按照《会计法》《企业会计准则》及其他财务会计法规、条例，结合自身实际情况，制定了财务管理制度等内部财务制度，建立了独立的财务核算体系。本公司配备了专业的财务人员，财务人员未在关联单位任职。本公司拥有独立的银行账户。本公司拥有独立的税务登记号，并作为独立纳税主体依法履行纳税义务。公司独立做出财务决策，自主决定资金使用事项，不存在股东干预资金使用安排的情况。

公司财务独立。

（四）机构独立性

本公司建立了适应其业务发展的组织结构。公司根据《公司法》与公司章程的要求建立了执行董事、监事的法人治理结构并严格按照相关法律和公司章程规范运作，聘任了总经理，并设置了相关的职能部门。公司的办公场所与股东及其关联公司完全分开，不存在混合经营、合署办公的情况，股东及其他任何单位和个人均未干预本公司的机构设置和生产经营活动。经核查，公司不存在与股东及其控制的其他企业间机构混同的情形，不存在股东干预其独立运作的情形。

公司机构独立。

（五）业务独立性

公司组织结构设置明确，部门职责划分合理。拥有与经营业务有关的各项技术的所有权或使用权，具有完整的业务流程、独立的生产经营场所以及供应、销售部门和渠道,具有独立的采购和产品销售系统,具有直接面向市场的独立经营能力,业务上独立于控股股东、实际控制人。公司具有直接面向市场的独立经营能力。

公司业务独立。

4.2.4 行业与技术

> **第四章 业务与技术**
>
> **一、公司所处行业的基本情况**
>
> (一)行业的基本情况
>
> 每一个拟挂牌公司所处的行业可能不同,那么行业的基本情况也就不同。作为推荐机构应该了解不同行业的基本状况,至少需了解拟推荐企业所处行业的基本状况。必要时,应该组织人员进行行业调研。
>
> 以某纺织行业为例。
>
> 例如:
>
> ×××××有限公司属于纺织机械设备加工制造行业,拥有数台普通车床、铣床、钻床、外圆磨床、数控铣床、普通数控车床、动力刀塔数控车床、数控龙门铣床、曲轴磨床、高频淬火设备等,产品销售到全国各个省市和海外地区,是专业化、多品种、多产量的生产厂家,拥有完整、科学的质量管理体系。公司以技术进步为依托,产品升级换代为发展方向,实施现代企业管理制度,立足于产品质量管理,严格遵循ISO9001质量管理标准,强化对产品的过程检验及出厂质量控制体系,以优质的产品品质、合理的价格、完善及时的优良服务在全国各地受到用户的一致好评。
>
> 作为纺织行业的上游产业,纺织机械行业的走势完全取决于纺织行业的景气程度。纺织行业是我国的传统优势行业,纺织产品也是我国重要的外贸产品,作为服装等日用产

的主要原料,纺织行业的发展速度也将决定着服装、纺机等产业的供求关系和价格变动。纺织行业的快速发展对我国经济平稳运行和保持物价稳定有着至关重要的意义,在我国经济中占有重要地位。

在纺织工业的带动下,我国纺织机械制造行业实现了长足的发展。目前,我国纺织机械制造行业已成为门类齐全、满足纺织行业需求、具有自主研发创新能力的支柱产业。前瞻产业研究院发布的《2013—2017年中国纺织机械制造行业产销需求与投资预测分析报告》显示,我国纺织机械制造行业在近几年保持快速的发展势头。中国正由一个最大的纺机需求市场,向亚洲纺机制造中心,甚至世界纺机制造中心的方向转变。

近年来伴随着纺织工业的迅速发展,中国纺织机械行业也借势发展,使我国成为全球最大的纺织机械制造国。但我国纺机企业规模普遍偏小,产品的技术含量偏低。目前,中国纺机市场上国产设备的数量占80%,但销售额所占比例不足50%。欧洲企业特点为产品线较宽,以高端高档产品为主,产品质量高同时具备很强的产品研发能力。但同时,也存在产品成本较高、对中国市场不熟悉以及售后服务不足的劣势。另一方面,国内民营纺机企业通常只生产单一产品线,以中低端产品为主,产品质量一般,但客观存在成本低廉的优势。

在我国众多的纺机企业中想要脱颖而出,一是靠企业的技术研发和创新,另一方面要扩大企业规模,拥有强大的资金支持。以提高企业的国际竞争力。

(二)行业主管部门、行业监管体制

确定了拟挂牌公司的行业类型,行业主管部门和行业监管体制方面大致状况也就明确了,但是对于潜在投资者可能并不了解,所以应该以列示的方式做简要的说明。

以某文化产业公司为模板。

例如：

> 1. 行业监管体制
>
> 按照国家统计局发布的《国民经济行业分类》(GB/T4754—2011)的规定，公司隶属于文化、体育和娱乐业(行业代码：8821)。公司所属细分行业为图书出版业。由国家新闻出版总署、各地文化局、工商局、税务局等部门共同对其实施监督和管理。
>
> 2. 行业主要法律、法规及政策
>
> 在我国文化产业发展过程中，国家和相关部委制定了一系列法律、法规和部门规章，使我国文化产业法规体系建设不断完善，为文化产业发展和管理的规范化、法制化奠定了法律基础。相关的法律、法规如下：
>
> 《中华人民共和国著作权法》
>
> 《中华人民共和国著作权法实施条例》
>
> 《出版管理条例》
>
> 《出版物市场管理规定》
>
> 《内部资料性出版物管理办法》
>
> 《电子出版物管理规定》

(三) 行业市场分析及预测

行业市场分析及预测方面给多的是进行前景分析和预测。也就是说，拟挂牌公司应该有较为广阔的市场前景和可预测的市场愿景。

以某旅游行业公司为例。

例如：

> 2014年全国旅游工作会议上国家旅游局在会上介绍，预计2013年全年中国的旅游收入可以达到2.9万亿元，国家的旅游人数达到了32.5亿人次。2013年旅游法的出台和实施，标志着中国旅游业法制化建设实现了根本性的突破，进入了

> 依法治旅、依法兴旅的新阶段。旅游投资在快速增长,2013年全国的旅游直接投资达到了 5 144 亿元。中国旅游研究院日前发布的《中国旅游经济蓝皮书(第六部)——2013年旅游经济运行分析与 2014 年发展预测》显示 2013 年我国旅游经济平稳运行,预计国内旅游人数 33 亿人次,同比增长 11.6%,提前两年实现《国务院关于加快发展旅游业的意见》中提出的发展目标,2014 年旅游经济将延续平稳较快增长态势。

二、行业竞争情况

行业竞争情况多半是描述拟挂牌公司的竞争优势,例如:产品或服务的优势;原材料的质量、价格、采购优势;服务成本的组织模式、价格竞争、人才供给的优势;科研力量、科研团队、科研成果的优势;生产规模、生产效率、生产流程的优势。通过上述优势能够得出拟挂牌公司优于同类行业、同类企业情形。

三、公司主要经营模式和盈利模式

关于公司的主要经营模式,作为工业企业要简单介绍其主要工艺流程;作为农业企业描述其种植、加工、销售环节;服务性行业阐述其主要业务的操作流程。

在该部分,推荐机构应该实事求是,不应该有粉饰性的语言。盈利模式简单地说是告诉挂牌说明书阅读者该公司是如何赚钱的,但是又不可能事无巨细地描述,涉及企业的商业机密应该给予策略上的迂回,点到为止。

当然,很多企业有自己较为独特的商品或者服务,也可以在该部分描述或者展示企业的产品或者服务。

四、公司的技术水平及研发情况

假设拟挂牌公司有其独特的专有技术、专利产品、高精尖技术人员,可以从行业竞争优势方面独立出来单独阐述。如果没有,则不必设立该部分章节。

4.2.5 同业竞争与关联方交易

关于同业竞争、关联方及关联方交易不是每一个挂牌企业都涉及,但是在挂牌说明书中关于同业竞争、关联方及关联方交易又是必不可缺少的描述章节。同业竞争、关联方及关联方交易,则据实描述,下面以模板的形式进行举例。

例如:

第五章 同业竞争与关联交易

一、关联方

根据《公司法》和《企业会计准则》的相关规定,截至本报告出具之日,本公司的关联方如下:

(一)存在控制关系的关联方

1. 公司的控股股东及实际控制人

截至本报告出具之日,×××持有本公司×××万股权,占公司注册资本的××%,为公司控股股东及实际控制人。

2. 公司的控股子公司

截至本报告出具之日,公司无控股子公司及分公司。

(二)不存在控制关系的关联方

1. 公司控股股东、实际控制人控制的其他企业

截至本报告出具之日,本公司实际控制人除投资本公司外,尚有以下对外投资。

(1)×××××有限公司

本公司股东×××持有×××××有限公司××万元出资额,出资比例为××%。×××××有限公司基本情况如下:

企业名称:×××××有限公司

法定代表人:×××

公司类型:有限责任公司(自然人投资或控股)

注册资本:××万元

住所:××市××区×××路××号

营业期限:××年

经营范围:从事×××××××

2. 其他持有本公司5%以上股份的主要股东

截至本报告出具之日,无其他持有本公司5%以上股份的主要股东。

3. 本公司参股的公司

截至本报告出具之日,无参股子公司及分公司。

4. 其他自然人关联方

截至本报告出具之日,无其他自然人关联方。

二、关联交易

(一) 关联方往来款项情况

截至本报告出具之日,本公司关联方无其他资金往来款。

(二) 本公司接受关联方担保的情况

截至本报告出具之日,本公司不存在由关联方提供担保的情况。

(三) 本公司为关联方提供担保的情况

截至本报告出具之日,本公司不存在为关联方提供担保的情况。

(四) 本公司与关联方的关联租赁情况

截至本报告出具之日,本公司不存在关联方的关联租赁情况。

三、同业竞争

截至本报告出具之日,无明显同业竞争。

当拟挂牌公司存在同业竞争和关联方交易时,应该追加规范同业竞争、关联方交易的措施和承诺。

例如:

四、规范关联交易的措施

公司通过对公司治理结构和规章制度的完善,在制度上对关联交易进行规范。公司将不断建立健全执行董事、监事等组织机构，制定完善《公司章程》《议事规则》等各项管理制度，规范的法人治理体系为关联交易的规范提供有效的制度保障。而且公司计划通过引进新股东变更为普通有限责任公司，在完成变更登记之后相关的关联交易管理制度将会进一步完善。

五、关于规范关联交易的承诺情况

本公司的控股股东、实际控制人及公司执行董事、监事、高级管理人员分别签署了《规范关联交易的承诺函》，承诺如下：

本人与×××××有限公司存在关联关系，根据国家有关法律、法规的规定，为了维护公司及其他股东的合法权益，本人做出如下郑重承诺：

本人将不利用与×××××有限公司的特殊关系和身份，影响×××××有限公司的独立性，并将保持×××××有限公司在资产、人员、财务、业务和机构等方面的独立性。

截至本承诺函出具之日，除已经披露的情形外，本人及本人控制的企业与×××××有限公司不存在其他重大关联交易。在不与法律、法规相抵触的前提下，在权利所及范围内，本人将促使本人及本人控制的企业与×××××有限公司进行关联交易时将按公平、公开的市场原则进行，并履行法律、法规、规范性文件和×××××有限公司《公司章程》规定的程序。

本人将促使本人及本人所控制的企业不通过与×××××有限公司之间的关联交易谋求特殊的利益，不会进行有损×××××有限公司及其股东利益的关联交易。

4.2.6 董监高及核心技术人员

企业的董事、监事、高级管理人员、核心技术人员掌握了整个公司的主要运营,该部分主要描述上述人员的出资状况、持股状况、个人简历以及是否在同业竞争企业任职等。并且描述上述人员是否做出了任职的承诺。该部分不得有粉饰性的语言,应该据实描述。同时涉及多个人时,可以采用表格形式。

例如:

第六章 董事、监事、高级管理人员及核心技术人员

一、董事、监事、高级管理人员及核心技术人员

(一)董事

序号	姓名	任职情况
1	×××	执行董事

×××,男,××××年××月生,中国国籍,无境外永久居留权,××学历,××××年××月参加工作,××××年至××××年任××市×××××公司×××××分公司×××(岗位);××××年至××××年任××市×××××配件厂×××(岗位);××××年至今任青岛市×××××有限公司执行董事兼总经理。

(二)监事

序号	姓名	任职情况
1	×××	监事

×××,女,××××年××月生,中国国籍,无境外永久居留权,××学历,××××年至××××年任××市×××中心×××(岗位);××××年至××××年任青岛×××××有限公司×××(岗位);××××年至今任职于青岛×××××有限公司监事。

(三)高级管理人员

序号	姓名	任职情况
1	×××	财务经理

×××,女,××××年××月生,中国国籍,无境外永久居留权,××学历,××××年××月至××××年××月任青岛×××机械厂×××(岗位);××××年至今任职于青岛×××有限公司财务经理。

二、公司董事、监事的持股情况

姓名	职务	出资金额(元)	出资比例(%)
×××	执行董事	199 500.00	39.90
×××	监事	300 500.00	60.10
合计		500 000.00	100.00

三、董事、监事、高级管理人员及核心技术人员的对外投资情况

公司的董事、监事、高级管理人员除"第五章 同业竞争与关联交易"之"二、关联方与关联关系"外无其他对外投资。

四、董事、监事及高级管理人员做出的重要承诺

(一)本公司的控股股东、实际控制人签署了《避免和消除同业竞争的承诺函》;

(二)本公司董事、监事、高级管理人员及持股5%以上的股东签署了《规范关联交易承诺函》。

五、近两年公司董事、监事及高级管理人员变动情况

(一)董事、监事及高级管理人员的任职资格

本公司董事、监事及高级管理人员不存在违反我国法律、法规关于董事、监事及高级管理人员的任职资格规定的行为,符合《公司法》等法律、法规关于董事、监事及高级管理人员任职资格的规定。

(二)近两年公司董事、监事及高级管理人员的变动情况

公司近两年未发生董事、监事变动。

> 推荐机构及律师核查后认为,公司近两年来,执行董事、监事、高级管理人员在选举、聘用程序、人员任职资格符合《公司法》等法律法规的相关要求,不存在违反法律、法规的情形。

4.2.7 法人治理结构

推荐机构在描述拟挂牌公司企业法人治理部分时,主要分两个内容。第一是摘录企业如股东会(股东大会)、董事会(执行董事)、监事会(监事)的文件内容;摘录公司主要管理制度。第二是对企业法人治理做出评价。

例如:

> **第七章 公司法人治理结构**
>
> **一、公司法人治理结构建立健全情况**
>
> 自本公司设立以来,逐步健全了公司治理结构,制定完善了《公司章程》,并在《公司章程》中对公司议事规则做出了详细规定,公司执行董事、高级管理人员能够按照《公司法》和《公司章程》等有关规定规范有效地运作。
>
> (一)股东会
>
> 《公司章程》第十二条 股东会由全体股东组成,是公司的权力机构,行使下列职权:
>
> (1)决定公司的经营方针和投资计划;
>
> (2)选举和更换执行董事、决定有关执行董事的报酬事项;
>
> (3)选举和更换由股东代表出任的监事,决定有关监事的报酬事项;
>
> (4)审议批准执行董事的报告;
>
> (5)审议批准监事的报告;
>
> (6)审议批准公司的年度财务预算方案、决算方案;

（7）审议批准公司的利润分配方案和弥补亏损方案；

（8）对公司增加或减少注册资本做出决议；

（9）对股东向股东以外的人转让出资做出决议；

（10）对公司合并、分立、变更公司形式、解散和清算等事项做出决议；

（11）修改公司章程；

（12）聘任或解聘公司经理。

《公司章程》第十三条　股东会的首次会议由出资最多的股东召集和主持；

《公司章程》第十四条　股东会会议由股东按照出资比例行使表决权。

《公司章程》第十五条　股东会会议分为定期会议和临时会议，并应当于会议召开十五日以前通知全体股东。定期会议每半年召开一次，临时会议由代表四分之一以上表决权的股东或者监事提议方可召开。股东出席股东会议也可书面委托他人参加，行使委托书载明的权力。

《公司章程》第十六条　股东会议由执行董事召集并主持。执行董事因特殊原因不能履行职务时，由执行董事委托其他人召集并主持，被委托人全权履行执行董事的职权。

《公司章程》第十七条　股东会会议应对所议事项做出决议，决议应由全体股东表决通过，股东会应当对所议事项的决定做出会议记录，出席会议的股东应当在会议记录上签字。

（二）执行董事

《公司章程》第十八条　公司不设董事会，设执行董事一人，执行董事为公司法定代表人，并对公司股东会负责，由股东会选举产生。执行董事任期三年，任期届满，连任可以连任。执行董事在任期届满前，股东会不得无故解除其职务。

《公司章程》第十九条　执行董事对股东会负责，行使下列职权：

(1) 负责召集股东会,检查股东会会议的落实情况,并向股东会报告工作;

(2) 执行股东会决议;

(3) 决定公司经营计划和投资方案;

(4) 制订公司的年度财务预算、决算方案;

(5) 制订公司的利润分配方案和弥补亏损方案;

(6) 制订公司增加或减少注册资本的方案;

(7) 拟定公司合并、分立、变更公司形式、解散的方案;

(8) 决定公司内部管理机构的设置;

(9) 聘任或者解聘公司经理,根据经理的提名,聘任或者解聘公司副经理,财务负责人,决定其报酬事项;

(10) 制定本公司的基本管理制度;

(11) 代表公司签署有关文件;

(12) 在发生战争、特大自然灾害等紧急情况下,对公司事务行使特别裁决权和处置权,但这类裁决和处置权需符合公司利益,并在事后向股东会报告。

(三) 监事

《公司章程》第二十一条 公司设监事一人,由公司股东会选举产生。监事对股东会负责,监事任期每届三年,任期届满,可连选连任。监事行使下列职权:

(1) 检查公司财务;

(2) 对执行董事、经理行使公司职务时违反法律、法规或者公司章程的行为进行监督;

(3) 当执行董事、经理的行为损害公司的利益时,要求执行董事、经理予以纠正;

(4) 提议召开临时股东会;

监事列席股东会会议。

二、公司法人治理结构近两年规范运作情况

公司已依法建立健全法人治理结构,公司成立以来,公司及其执行董事、监事和高级管理人员基本能够严格按照《公司章程》及相关法律法规的规定开展经营,不存在重大违法违规行为。

三、推荐机构及律师对公司法人治理结构的评价

公司成立后,依据《公司法》等法律、法规或规范性文件制定了较为完备的《公司章程》和议事规则,完善了公司的各项决策制度,建立了公司的档案管理制度。公司按照《公司法》的规定选举执行董事和监事,在公司治理和规范意识方面加强对执行董事、监事及高级管理人员的培训,充分发挥监事的作用,督促股东、执行董事和高级管理人员严格按照《公司法》《公司章程》等相关规定各尽其职,履行勤勉忠诚义务。

经推荐机构及律师核查,认为公司法人治理结构的设计是完整和合理的,执行是有效的,基本上能够合理地保证内部法人治理目标的达成,且本说明书有关公司法人治理结构的内容披露是真实、准确和完整的。

4.2.8 企业财务信息

推荐机构在描述拟挂牌公司财务信息时,主要分四个内容。第一是摘录企业审计报告中,会计师事务所的审计意见;第二摘录审计报告中的会计报表;第三摘录审计报告中的主要涉税事项;第四摘录审计报告中的会计核算基础等信息。

例如:

第八章 财务会计信息

一、会计师审计意见

×××会计师事务所有限公司接受委托,对本公司截至2013年12月31日、2014年12月31日、2015年10月31日

的财务状况以及2013年度、2014年度、2015年1～10月的经营成果和现金流量进行了审计。审计意见如下：

我们认为，×××××有限公司财务报表在所有重大方面按照企业会计准则的规定编制，公允反映了×××××有限公司2015年10月30日、2014年12月31日、2013年12月31日的财务状况，2015年1～10月份、2014年度、2013年度的经营成果。

二、财务报表

本公司以持续经营为基础，根据实际发生的交易和事项，按照《企业会计准则——基本准则》和其他各项会计准则的规定进行确认和计量，在此基础上编制财务报表。

报告期内，公司无需纳入合并范围的子公司。

实际中附审计后的资产负债表、利润表、现金流量表、指标计算表，并对部分数据进行简要描述。

三、主要税项

公司适用的主要税种、税率。

实际中简要描述各个税种税率，特别是挂牌企业享受各项税收优惠的情况和实际税负情况。

四、会计基础

略。

4.2.9　管理层讨论与分析

推荐机构在描述拟挂牌公司企业管理层讨论与分析时，主要是针对资产结构及资产质量进行分析、负债状况及偿债能力分析、所者权益持股比例、经营收入与经营成本分析、盈利能力和发展能力的分析讨论。这些内容可以参照审计报告中关于会计报表主要会计数据的披露。并在此基础上做出作为推荐机构的分析意见。

该部分的描述虽然没有固定格式,但是要将包含的上述方面全部涉及到位。下面做简单举例,实际工作中可以更多关注审计报告中关于会计报表主要会计数据的披露。

例如:

第九章 管理层讨论与分析

一、资产构成及资产质量分析

单位:人民币(元)

项目		2015年10月31日		2014年12月31日		2013年12月31日	
		金额	比例	金额	比例	金额	比例
流动资产		5 807 915.74	70.09%	5 020 280.05	62.78%	2 347 530.18	42.92%
非流动资产	固定资产	2 478 772.66	—	2 976 111.87	—	3 122 022.56	—
	在建工程	—	—	—	—	—	—
	非流动资产合计	2 478 772.66	29.91%	2 976 111.87	37.22%	3 122 022.56	57.08%
资产总计		8 286 688.40	100%	7 996 391.92	100%	5 469 552.74	100%

报告期内,公司资产结构相对稳定,公司资产总额呈稳步增长趋势。从企业整体来看,资产结构合理、资产质量优质。

截至2015年10月31日的公司总资产金额为8 286 688.40元;截至2014年12月31日总资产的金额为7 996 391.92元;截至2013年12月31日总资产的金额为5 469 552.74元。净资产呈增长趋势,能够满足经营需要和后续发展。

公司最近三年的主要流动资产情况如下表所示:

单位:人民币(元)

项目	2015年10月31日		2014年12月31日		2013年12月31日	
	金额	比例	金额	比例	金额	比例
货币资金	296 836.51	5.11%	365 183.95	7.27%	206 836.51	8.81%

续表

项目	2015年10月31日		2014年12月31日		2013年12月31日	
	金额	比例	金额	比例	金额	比例
应收账款	3 090 504.51	53.21%	2 147 285.88	42.77%	813 143.81	34.64%
其他应收款	553 583.47	9.53%	14 095.50	0.28%	295 035.27	12.57%
预付账款						
存货	1 866 991.25	32.15%	2 493 714.72	49.68%	1 032 514.59	43.98%
其他流动资产						
流动资产合计	5 807 915.74	100%	5 020 280.05	100%	2 347 530.18	100%

① 货币资金。

最近一期报告期末,公司货币资金为296 836.51元,占流动资产的比例为5.11%,目前公司货币资金存量低,但能够满足公司的经营需求。

② 应收账款。

a. 账龄分析。

截至2015年10月31日,应收账款及坏账准备计提情况:

单位:人民币(元)

账龄	2015年10月31日		2014年12月31日		2013年12月31日	
	金额	比例	金额	比例	金额	比例
1年以内	3 090 504.51	100%	2 147 285.88	100%	813 143.81	100%
1到2年						
合计	3 090 504.51	100%	2 147 285.88	100%	813 143.81	100%

从账龄上看,公司的应收款账期均在一年以内,应收账款风险较低,产生坏账的可能性较小。报告期末,公司未对应收款项提取坏账准备,是因为公司计提坏账以账龄为风险特征划分信用风险组合,公司一年以内的应收款项计提比例为0%。

b. 客户质量分析。

截至2015年10月31日,公司应收客户的欠款金额为

3 090 504.51元。主要明细如下：

单位	金额（元）	占应收账款总额比例
×××××有限公司	801 997.60	25.95%
×××××有限公司	569 487.07	18.43%
×××××有限公司	533 240.00	17.25%
×××××有限公司	433 757.00	14.04%
×××××有限公司	421 938.00	13.65%
合计	2 760 419.67	89.32%

各报告期期末余额中无应收持有本公司5%（含5%）以上表决权股份的股东单位的款项。

从以上数据可以看出，公司制定了稳健的会计政策及会计估计，严格控制了应收账款出现坏账的风险。

本书编写时以下略，实际中逐项描述各项资产情况，也可参考审计报告中的会计报表附注。

二、负债构成及负债质量分析

单位：人民币（元）

项目	2015年10月31日		2014年12月31日		2013年12月31日	
	金额	比例	金额	比例	金额	比例
应付账款	2 684 420.01	42.19%	3 436 134.41	53.39%	1 120 568.24	24.71%
应付职工薪酬	97 603.00	1.53%	39 556.00	0.61%		
应交税费	−50 190.81	−0.78%	−4 278.15	−0.06%	−8 839.47	−0.19%
其他应付款	3 630 860.73	57.06%	2 964 646.16	46.06%	3 422 397.15	75.48%
负债总计	6 362 692.93	100%	6 436 058.42	100%	4 534 125.92	100%

截至2015年10月31日，公司的负债总额为6 362 692.93元，资产负债率为76.78%，资产负债率虽高，但公司流动资产占总资

产的比重为70.09%,说明资金周转速度较快,有足够的变现资产作为保证,因此,不存在偿债能力的风险。

① 应付账款。

a. 账龄分析。

截至2015年10月31日,公司应付账款情况如下:

单位:人民币(元)

账龄	2015年10月31日		2014年12月31日		2013年12月31日	
	金额	比例	金额	比例	金额	比例
1年以内	2 684 420.01	100%	3 436 134.41	100%	1 120 568.24	100%
1~2年						
2~3年						
合计	2 684 420.01	100%	3 436 134.41	100%	1 120 568.24	100%

b. 款项分析。

截至2015年10月31日,公司应付账款为2 684 420.01元。主要明细如下:

单位	金额(元)	占应付账款总额比例
×××××华纺织有限公司	1 004 000.00	37.40%
×××××钢管有限公司	828 840.25	30.88%
×××××工贸有限公司	351 579.76	13.10%
×××××纺织仪器有限公司	158 700.00	5.91%
×××××配件厂	125 710.70	4.68%
合计	2 468 830.71	91.97%

各报告期期末余额中无应付持有本公司5%(含5%)以上表决权股份的股东单位的款项。

② 其他应付款。

a. 账龄分析。

截至2015年10月31日,公司其他应付款情况如下:

单位:人民币(元)

账龄	2015年10月31日		2014年12月31日		2013年12月31日	
	金额	比例	金额	比例	金额	比例
1年以内	3 630 860.73	100%	2 964 646.16	100%	3 422 397.15	100%
合计	3 630 860.73	100%	2 964 646.16	100%	3 422 397.15	100%

b. 款项分析。

截至2015年10月31日,公司其他应付款为3 630 860.73元。主要明细如下:

单位	金额(元)	占应付账款总额比例
×××	2 600 000.00	71.61%
×××	1 000 000.00	27.54%
×××	30 860.73	0.85%
合计	3 630 860.73	100.00%

各报告期期末余额中无其他应付持有本公司5%(含5%)以上表决权股份的股东单位的款项。

三、所有者权益

单位:人民币(元)

项目	2015年10月31日	2014年12月31日	2013年12月31日
股本	500 000.00	500 000.00	500 000.00
资本公积	0.00	0.00	0.00
盈余公积	0.00	0.00	0.00
未分配利润	1 423 995.47	1 060 333.50	435 426.82
所有者权益合计	1 923 995.47	1 560 333.50	935 426.82

截至2015年10月31日,公司实收资本500 000.00元人民币,其中股东×××出资199 500.00元人民币,出资比例为39.90%;股东×××出资300 500.00元人民币,出资比例为60.10%。

四、盈利能力分析

(一) 营业收入构成及分析

公司经营状况良好,公司主要业务收入为出口喷气织机、销售织机配件、织机钣金,2015年1~10月实现收入964万元。客户相对稳定,并在不断扩大中。

(二) 毛利率分析

公司2015年1~10月份实现毛利102万元。公司近三年毛利率在10%上下,毛利率相对稳定。说明行业利润率稳定,企业稳步运营。公司在实现收入的同时,所发生的成本、管理费用和销售费用,已在费用中列支。

(三) 期间费用分析

报告期公司的期间费用占营业收入比例及变化趋势如下:

单位:人民币(元)

项目	2015年10月31日		2014年12月31日		2013年12月31日	
	金额	占营业收入比例	金额	占营业收入比例	金额	占营业收入比例
销售费用	29 551.56	0.31%	202 956.63	1.21%	54 790.00	0.66%
管理费用	483 349.01	5.01%	611 165.09	3.63%	510 128.41	6.11%
财务费用	6 329.74	0.06%	5 447.59	0.03%	374.00	0.00%
合计	519 230.31	5.38%	819 569.31	4.87%	565 292.41	6.77%

目前,公司的费用主要是工资、折旧费、社保费等费用,期间费用占营业收入的比例相对比较稳定,说明公司处于正常稳定的发展阶段。公司的费用结构合理。

① 销售费用。

报告期内,销售费用的构成情况如下表所示。

单位：人民币（元）

项目	2015年10月31日	2014年12月31日	2013年12月31日
业务招待费	6 162.00	27 980.48	12 154.00
折旧费	21 385.66	32 262.31	18 625.31
广告费		90 000.00	20 500.00
其他	2 003.90	52 713.84	3 510.69
合计	29 551.56	202 956.63	54 790.00

管理费用

报告期内，管理费用的构成情况如下表所示。

单位：人民币（元）

项目	2015年10月31日	2014年12月31日	2013年12月31日
工资	126 888.38	201 871.72	266 771.90
业务招待费	20 914.00	31 135.98	53 142.37
差旅费	4 664.00	7 627.20	20 628.48
税金	5 096.31	7 949.30	10 831.80
电话费	3 912.30	4 805.78	12 270.83
修理费	4 840.00	7 076.54	9 861.14
折旧费	278 509.60	306 077.25	84 989.45
社保费	38 524.42	44 621.32	51 632.44
合计	483 349.01	611 165.09	510 128.41

财务费用

报告期内，公司财务费用情况如下表所示。

单位：人民币（元）

项目	2015年10月31日	2014年12月31日	2013年12月31日
利息支出			
减：利息收入	1 642.67	1 553.11	1 257.71
手续费	7 972.41	7 000.70	1 631.71
合计	6 329.74	5 447.59	374.00

4.2.10 业务发展目标

第十章 业务发展目标

一、公司未来三年的发展战略及目标

（一）发展战略

公司的发展战略是一种宏观的规划，也就是一种愿景的描述。该部分可以使用粉饰性的语言，但是要切合实际，切记漫无边际的规划。例如：很多推荐机构说企业三年内要做省内第一、全国首家、世界领先等。当然，企业可能有些拟挂牌公司有自己的五年规划、十年规划，那么在推荐机构的整理下可以直接摘录。

（二）整体经营目标

整体规划应该服务于公司战略，也就是说通过怎样的具体发展来实现远景的规划。例如：兼并收购、纵横发展、业务整合、人员整合等。

（三）主要业务经营目标

主要经营目标可以是收入指标、利润指标。例如：当年经营收入额度、未来三年的经营成果计划等。

二、公司未来发展具体规划

具体规划是对整体经营目标的详细策略，但并不是具体到如何一步一步具体实施的描述。

三、实现上述目标的假设条件及面临的主要困难

（一）实现各类目标要做出游戏规则的前提条件。

例如：

公司拟定上述业务发展计划和目标，主要是基于以下假设条件：

1. 公司所处的宏观经济、政治、法律和社会环境处于正常发展状态；

2. 公司现有管理层、核心技术人员继续保持稳定；

3. 公司各项内部控制制度持续有效，未发生因监控、防范不利导致的重大损失；

4. 无其他人力不可抗拒及不可预见因素造成的灾难。

（二）面临的主要困难

任何企业的发展都可能遇到各种各样的困难，或者存在某种困难。在该部分能够坦诚地描述困难即可。

4.2.11 风险因素与控制措施

第十一章　风险因素及控制措施

企业的风险涉及行业竞争、业务拓展、人员流动、资金控制、内部管理。该部分可以分项逐一描述，每一项风险都要包括风险的描述和控制风险的措施。

4.2.12 股利分配政策

关于股利分配的政策可以采用两种方法描述：第一种方法是直接摘录拟挂牌公司的股利分配政策；第二种方法是做常识性的语言描述。

第十二章　股利分配政策

一、股利分配政策

根据《公司法》等法律、法规、公司股权挂牌后适用的《公司章程》，此次股权挂牌后，公司的股利分配政策如下：

（一）决策机制与程序

公司的利润分配政策和具体股利分配方案由执行董事制订后报由股东会批准；执行董事在制订利润分配政策、股利分配方案时应充分考虑监事和其他投资者的意见。

（二）利润的分配形式

公司可采取现金、股份或者现金股份相结合的方式分配股利。公司将优先考虑采取现金方式分配股利；若公司增长快速，在考虑实际经营情况的基础上，可采取股份或者现金股份相结合的方式分配股利。

（三）利润分配规则

执行董事根据外部经营环境或者公司经营状况对利润分配政策进行调整的，调整后的利润分配政策不得违反×××股权交易中心有关规定，有关调整利润分配政策的议案需提交股东会批准。

二、公司近两年分红情况

该部分据实描述即可。

4.2.13 其他重要事项

其他重要事项主要是拟挂牌公司的重大合同、重大担保，是否涉及诉讼以及对重大事项的相关承诺。该部分据实描述即可。另外，就是股权交易中心的其他要求事项。

例如：

第十三章 其他重要事项

一、信息披露和投资者服务

（一）根据《公司法》《证券法》《蓝海股权交易中心股权挂牌业务规则》等法律、法规的要求，公司建立了完善的信息披露制度，严格按照相关法律、法规和公司章程的规定履行应尽的职责，保证公司信息披露的及时、准确、合法、真实和完整。

（二）公司负责信息披露责任人

本书编写时略。

（三）信息披露管理制度

1. 信息披露的基本原则。

（1）真实、准确、完整、及时地报送及披露信息，并依法向×××股权交易中心备案；

（2）公司信息披露要体现公开、公正、公平对待所有股东的原则。

2. 股东会信息披露的规定。

公司在股东会会议结束后三个工作日以内将股东会决议和决议公告及其它相关文件报送×××股权交易中心或相关媒体披露。

3. 公司报告披露的规定。

公司应当披露的信息包括定期报告和临时报告。年度报告、中期报告为定期报告，其他报告为临时报告。公司应当在每个会计年度结束之日起四个月内编制完成年度报告；在每个会计年度的上半年结束之日起两个月内编制完成中期报告。

4. 其他事项。

公司涉及关联交易、资产收购、重大资产出售等事项，均应按照蓝海股交中心的规定进行披露。

公司控股股东对其已完成和正在进行的涉及公司股权变动与质押事项负有保证信息传递的责任，并对信息披露内容的真实性、准确性、完整性承担个别和连带责任。

（四）为定向募股对象服务的计划

为保护定向募股对象利益，公司将从以下几方面做好对定向募股对象的服务工作：

1. 严格按照公司的《信息披露管理制度》，及时、准确、完整地披露对公司生产经营具有影响的所有重大事件；

2. 及时澄清与公司有关的不实信息；

3. 设立热线电话、传真、电子信箱等通讯方式，回答定向募股对象的疑难问题；热情接待到公司来访的定向募股对象，详细介绍公司的情况；

4. 在公司网站上，详细介绍公司情况及最新信息，及时向定向募股对象提供公司的相关资料。

二、重大合同

本书编写时略。

三、公司及主要关联方涉及重大诉讼和仲裁事项

根据公司股东、执行董事、监事、高级管理人员成员所做承诺和律师事务所核查，至本说明书发布之日止，公司和公司的控股股东、监事、高级管理人员等不存在尚未了结的或可预见的重大诉讼、仲裁或行政处罚案件。

（一）公司关于涉诉情形的声明

本公司承诺并确认，截至本《×××××有限公司关于涉诉情形的声明》出具之日：

1. 本公司没有尚未了结或可以预见的行政处罚；

2. 本公司没有尚未了结或可以预见的诉讼、仲裁等争议纠纷。

我公司保证上述承诺真实，不存在虚假陈述及重大遗漏，否则，本公司将承担全部法律责任。

（二）股东关于涉诉情形的声明

本人为×××××有限公司股东，本人承诺并确认，截至本《×××××有限公司股东关于涉诉情形的声明》出具之日：

1. 本人没有尚未了结或可以预见的行政处罚；

2. 本人没有尚未了结或可以预见的诉讼、仲裁等争议纠纷。

我保证上述承诺真实，不存在虚假陈述及重大遗漏，否则，我将承担全部法律责任。

> （三）高级管理人员关于涉诉情形的声明
>
> 本人为×××××有限公司高级管理人员，本人承诺并确认，截至本《×××××有限公司高级管理人员关于涉诉情形的声明》出具之日：
>
> 1. 本人没有尚未了结或可以预见的行政处罚；
>
> 2. 本人没有尚未了结或可以预见的诉讼、仲裁等争议纠纷。
>
> 我保证上述承诺真实，不存在虚假陈述及重大遗漏，否则，我将承担全部法律责任。
>
> 四、可能影响投资者决策的其他或有事项
>
> 截至本说明书出具之日，本公司无可能产生重大影响的其他事项。
>
> 五、推荐机构、律师事务所对重大事项披露的意见
>
> 推荐机构及律师事务所认为：经核查和公司确认，公司已对可能影响公司生产经营的重大事项进行了充分披露，不存在重大遗漏或重大隐瞒的情形，公司对于重大事项的披露真实、准确、完整。

4.2.14 拟挂牌企业各机构声明

> 第十四章　董事、监事、高级管理人员及各中介机构声明
>
> 一、全体董事、监事和高级管理人员声明
>
> 公司执行董事、监事、高级管理人员承诺挂牌交易说明书不存在虚假记载、误导性陈述或重大遗漏，并对其真实性、准确性、完整性承担相应的法律责任。
>
> 执行董事签名：_____

监事签名：_____

全体高级管理人员签名：_____

×××××有限公司
（盖章）
××××年××月××日

二、推荐机构声明

本机构已对本挂牌交易说明书进行了核查，确认不存在虚假记载、误导性陈述或重大遗漏，并对其真实性、准确性和完整性承担相应的法律责任。

推荐机构法定代表人（负责人）：_____

项目经办人：_____

×××××投资有限公司
（盖章）
××××年××月××日

三、律师事务所声明

本所及经办律师已阅读本挂牌交易说明书，确认本挂牌交易说明书与本所出具的法律意见书无矛盾之处。本所及经办律师对公司在本挂牌交易说明书中引用的法律意见书的内容无异议，确认本挂牌交易说明书不致因上述内容而出现虚假记载、误导性陈述或重大遗漏，并对其真实性、准确性和完整性承担相应的法律责任。

律师事务所负责人：_____

经办律师：＿＿＿＿＿＿＿＿＿＿＿

××××× 律师事务所

（盖章）

×××× 年 ×× 月 ×× 日

四、会计师事务所声明

本所及签字注册会计师已阅读本挂牌交易说明书，确认本挂牌交易说明书与本所出具的审计报告无矛盾之处。本所及签字注册会计师对公司在本挂牌交易说明书中引用的审计报告的内容无异议，确认本挂牌交易说明书不致因上述内容而出现虚假记载、误导性陈述或重大遗漏，并对其真实性、准确性和完整性承担相应的法律责任。

会计师事务所负责人：＿＿＿＿＿＿＿＿＿

签字注册会计师：＿＿＿＿＿＿＿＿＿＿＿

××× 会计师事务所

（盖章）

×××× 年 ×× 月 ×× 日

4.3　整理编制公司关于挂牌交易的文件

4.3.1　公司章程及章程修正案

本书编写时略。实际中，把拟挂牌企业的公司章程及章程修正案影印件赋予此处。

4.3.2 授权委托书、经办人身份证明

（1）授权委托书模板

委托书

授权单位(全称)：×××××有限公司

法定代表人：_____ 性别：____ 现任职务：_____

身份证号码：_____

受托经办人：_____ 性别：____ 现任职务：_____

身份证号码：_____ 电话：_____

兹委托为我单位的受托经办人，代表我单位办理我单位在青岛蓝海股权交易中心挂牌申请事项。

受托经办人的权限：

1. √同意□不同意提交申请材料；

2. √同意□不同意领取蓝海股权交易中心的相关文书；

3. √同意□不同意修改企业自备文件的错误；

4. √同意□不同意修改有关表格的填写错误；

5. 其他权限：

指定或者委托的有效期限：自____年__月__日至____年__月__日

对于受托经办人在上述权限范围内从事的行为，本委托人均予以认可，并愿意为其代理行为承担所有的法律责任。

委托人(盖章)：

法定代表人(签字)：

受托经办人:(签名)

××××年××月××日

（2）身份证明

本书编写时略。实际中，把拟挂牌企业上述人员的身份证明影印件赋予此处，居民身份证要求反正面。

4.3.3 公司对×××股权交易中心的承诺书

×××××有限公司及其全体股东
对×××股权交易中心承诺书

×××股权交易中心：

本公司申请进入贵中心挂牌，现承诺如下：

一、保证申请挂牌所提交的文件均真实、有效。

二、积极配合贵中心对本公司的监管。

三、积极配合推荐人对本公司的尽职调查，保证向其提供的文件不存在虚假记载、误导性陈述和重大遗漏，并承担相应责任。

四、按照贵中心的规定，履行信息披露义务，真实、准确、完整、及时地披露信息。

五、健全公司治理结构，规范运作，不损害中小股东的利益。

六、不擅自交易股权、操纵股权转让价格。

七、现有全体股东承诺所持股权在贵中心挂牌期间仅通过贵中心所支持的方式进行转让。

八、出现违法违规行为，自愿接受处罚。

十、公司发生重大事件或发生可能导致社会风险的事件时，及时向贵中心报告。

特此承诺。

承诺人（签章）：

法定代表人（签字）：

全体股东签字：

××××年××月××日

4.3.4 法定代表人、股东、董监高的承诺书

承诺书

×××股权交易中心:

　　本公司拟进入贵中心挂牌进行股份转让,本公司法定代表人、全体股东、执行董事、监事及高级管理人员保证在向贵中心报送的以本公司署名的申请文件中未有虚假记载、误导性陈述及重大遗漏,并对其真实性、准确性和完整性承担相应法律责任。

　　法定代表人签名:＿＿＿＿＿＿
　　全体股东签名:＿＿＿＿＿＿＿＿＿＿＿＿
　　执行董事签名:＿＿＿＿＿＿
　　监事签名:＿＿＿＿＿＿＿
　　全体高级管理人员签名:＿＿＿＿＿＿＿＿＿＿

　　　　　　　　　　　　　×××××有限公司
　　　　　　　　　　　　　××××年××月××日

4.3.5 法定代表人任职证明文件

法定代表人任职证明

　　兹证明＿＿＿＿＿(身份证号码:＿＿＿＿＿＿＿＿＿)担任我公司＿＿＿＿＿＿职务,为本公司现任法定代表人。
　　签发日期:××××年××月××日
　　有效期至:××××年××月××日
　　联系电话:×××××××××××
　　特此证明。

　　　　　　　　　　　　　×××××有限公司
　　　　　　　　　　　　　××××年××月××日

4.3.6 编制填写股东名册明细表

表 4-6　×××××有限公司股东名册明细表

序号	股东姓名/单位全称(简称)	身份证号/单位注册号	联系地址	联系电话	出资额(万元)	所占比例/%	股权性质

联系电话：　　　　　　　　　　　　×××××有限公司(公章)：
注释：股权性质：国家股、法人股、个人股、外资股

4.3.7 法定代表人、股东、董监高的持股情况

表 4-7　×××××有限公司执行董事、监事、高级管理人员名单及其持股情况

姓名	职务	持股数量(万股)	持股比例(%)
合计			

4.3.8 法人营业执照、组织机构代码证、税务登记证等证件

本书编写时略。实际中,把拟挂牌企业相关证件影印件赋予此处。

4.4 整理编制推荐机构关于挂牌交易的文件

4.4.1 实施尽职调查编写尽职调查报告

本书编写时略。实际中可参考本书所讲挂牌说明书中相关内容,力求真实、完整、公正的调查并描述。

附:某公司尽职调查报告目录供参考。

目 录

引言	1
第一节 尽职调查情况介绍	2
一、尽职调查的主要目的	2
二、调查方法	2
三、报告内容	2
四、企业挂牌目的	2
五、尽职调查相关机构及人员情况	3
第二节 公司基本情况	4
一、公司简介	4
二、公司的历史沿革	4
三、公司控股股东及实际控制人	7
四、公司生产经营的主要资产、资质及权属情况	8
五、公司组织结构	9
六、公司的员工结构	9
第三节 业务与技术	11
一、公司所处行业的基本情况	11
二、行业竞争情况	15

三、公司主要经营模式 ……………………………… 16
四、公司的技术水平及研发情况 …………………… 21
第四节 公司的同业竞争与关联交易情况 …………………… 22
一、关联方 …………………………………………… 22
二、关联交易 ………………………………………… 24
三、同业竞争 ………………………………………… 24
第五节 董事、监事、高级管理人员及核心技术人员 ……… 25
一、董事、监事、高级管理人员及核心技术人员 … 25
二、公司董事、监事的任职情况 …………………… 26
三、董事、监事、高级管理人员及核心技术人员的对外
投资情况 ………………………………………… 26
四、董事、监事及高级管理人员做出的重要承诺 … 26
五、近两年公司董事、监事及高级管理人员变动情况
……………………………………………………… 26
第六节 组织结构与内部控制调查 …………………………… 27
一、公司各部门职责 ………………………………… 27
二、公司的独立运营情况 …………………………… 28
三、公司治理情况 …………………………………… 30
第七节 财务与会计 …………………………………………… 31
一、总体财务状况 …………………………………… 31
二、税收问题 ………………………………………… 31
三、财务与会计 ……………………………………… 31
第八节 公司业务发展目标 …………………………………… 35
一、公司未来的发展规划及发展目标 ……………… 35
二、公司为实现未来发展目标将采取的措施 ……… 35
三、募集资金投资项目与实现公司发展目标的关系 … 36
四、实现上述目标的假设条件及面临的主要困难 … 36
第九节 风险因素与其他重要事项调查 ……………………… 38
一、风险因素 ………………………………………… 38
二、信息披露和投资者服务 ………………………… 38

三、重要合同 ································· 40
　　四、公司对外担保情况 ·························· 40
　　五、公司及主要关联方涉及重大诉讼和仲裁事项 ··· 40
　　六、控股股东、实际控制人最近两年内的重大违法行为
　　　　··· 40
第十节　公司挂牌基本条件尽职调查结论 ··········· 41
　　一、公司主营业务明确,具有持续经营能力 ········ 41
　　二、公司不存在显著的同业竞争、显失公允的关联交易、
　　　　额度较大的股东侵占资产等损害投资者利益的行为
　　　　··· 41
　　三、公司在经营和管理上具备风险控制能力 ······· 42
　　四、公司治理结构健全,运作基本规范 ············ 42
　　五、公司股份发行和转让行为合法合规 ············ 42
　　六、公司存续时间等符合要求 ···················· 42
第十一节　项目小组发表的独立意见 ··············· 43
　　一、公司控股股东、实际控制人情况及持股数量 ··· 43
　　二、公司的独立性 ································· 43
　　三、公司治理情况 ································· 43
　　四、公司规范经营情况 ···························· 44
　　五、公司的法律风险 ······························ 44
　　六、公司的财务风险 ······························ 44
　　七、公司的持续经营能力 ·························· 44
　　八、推荐意见 ····································· 45

4.4.2　针对推荐人自律情况进行说明

×××××投资有限公司就担任×××××有限公司
进入×××股权交易中心挂牌股份转让推荐人的
自律情况自查说明

根据《×××股权交易中心管理办法(试行)》×××

股权交易中心有限责任公司股权转让业务管理办法(试行)》《×××股权交易中心挂牌业务规则(试行)》《×××股权交易中心会员业务管理(试行)》，×××××投资有限公司作为×××××有限公司(以下简称"×××××")进入×××股权交易中心股份转让的推荐人，现就本次担任推荐人和相关人员在业务开展过程中自律情况的自查结果说明如下：

一、本推荐人及相关业务人员未利用在此业务中获取的尚未披露信息为自己或他人谋取利益。

二、本推荐人：

（一）不持有×××××5%以上的股份，也不是其前五名股东之一；

（二）×××××不持有本推荐人5%以上的股份，也不是本推荐人前五名股东之一；

（三）本推荐人前十名股东中任何一名股东不是×××××前三名股东之一；

（四）本推荐人与×××××之间不存在其他有重大影响的关联关系。

三、项目小组成员不直接或间接持有×××××的股份，也未在×××××中任职，不存在其他可能影响其公正履行职责情形的情况。

四、本推荐人及相关业务人员未强迫×××××接受股权直接投资，也未将直接投资作为是否推荐×××××进入青岛蓝海股权交易中心股份转让的前提条件。

五、×××××不存在以股权等非现金形式向推荐人支付推荐费用的情况。

（此页为签署页）

项目小组成员签字及签字日期

×××××投资有限公司

××××年××月××日

4.4.3 推荐人对申请文件承诺

承诺书

青岛蓝海股权交易中心：

　　本公司作为推荐人拟推荐×××××有限公司进入贵中心挂牌进行股份转让。本公司保证在向贵中心报送的以本公司署名的申请文件中未有虚假记载、误导性陈述及重大遗漏，并对其真实性、准确性和完整性承担相应法律责任。

×××××投资有限公司
××××年××月××日

4.4.4 推荐人对申请文件一致性承诺

承诺书

青岛蓝海股权交易中心：

　　本公司作为推荐人拟推荐×××××有限公司进入贵中心挂牌进行股份转让。本公司保证在向贵中心报送的以本公司署名的申请文件中未有虚假记载、误导性陈述及重大遗漏，并对其真实性、准确性和完整性承担相应法律责任。

×××××投资有限公司
××××年××月××日

第5章

区域板挂牌辅导上市会计师事务所实务

5.1 中介机构资质与企业选择考量角度

5.1.1 中介机构资质

企业公开发行上市一般需要聘请的中介机构包括：保荐机构（主承销商）、证券业务资格会计师事务所、律师事务所，如需评估，还要聘请证券业务资格资产评估机构。企业区域板挂牌对上述机构的需求也不例外。

在我国，证券公司从事证券发行上市保荐业务，应依照《证券发行上市保荐业务管理办法》向中国证监会申请保荐机构资格；会计师事务所和资产评估机构从事股票发行上市业务必须具有证券从业资格。如果设立时聘请没有证券从业资格许可证的中介机构承担上述业务的，应在股份公司运行满三年后才能提出发行申请，在申请发行股票前须另聘有证券从业资格许可证的中介机构复核并出具专业报告。

在区域版股权交易市场挂牌对上述机构的要求首先是合法资质的中介机构，其次必须是所在股权交易中心的会员单位。

5.1.2 企业选择中介机构考量角度

企业与中介机构之间是一种双向选择的关系，在选择中介

机构时,应当考虑以下方面:

(1)中介机构是否具有从事证券业务的资格

企业需要考察会计师事务所和资产评估师事务所是否持有从事股票发行上市业务所必须具备的证券从业资格,证券公司须具有保荐承销业务资格。

(2)中介机构的执业能力、经验和质量

企业需要对中介机构的执业能力、执业经验和执业质量进行了解,选择具有较强执业能力、熟悉企业所从事行业的中介机构,以保证中介机构的执业质量。此外,中介机构的声誉实际上是其整体实力的综合反映,良好的声誉是中介机构内在质量的可靠保证。

(3)中介机构之间良好合作

股票发行上市是发行人以及各中介机构共同努力的结果,中介机构特别是保荐机构与律师、会计师等之间要能够进行良好的合作。

(4)费用合理

中介机构的费用是企业控制发行上市成本需要考虑的一个重要问题,具体费用或收费标准一般由双方协商确定。

(5)中介机构的重视程度与项目团队

中介机构要给予企业足够的重视和资源支持,企业应与中介机构高层有良好的沟通渠道;项目团队对项目的顺利推进影响较大,也应重点关注。作为上市的总协调人,保荐机构的选择尤为重要。随着市场发展和完善,证券公司的分工越来越明显,有些券商主要侧重做大项目,有些券商专注于中小企业。作为中小企业,应在双方充分沟通的基础上,本着"门当户对"原则选择实力强、信誉好、经验丰富的保荐机构。对于拟上市公司来说,选择适合自己的保荐机构,不仅要看券商的资质、实力和以往的承销业绩,更要弄清楚自己在这家保荐机构心目中的地位。

总之，企业选择中介机构选择最适合企业自身特点的会计师事务所来完成企业上市的相关程序。

5.2 会计师事务所如何选择及其承担的工作

5.2.1 会计师事务所如何选择

企业首先要考察会计师事务所是否具有从事证券相关业务的资质和背景；参考该律师事务所做过的成功案例；调查其是否存在违规受罚的记录；其服务报价是否合理等具体事宜。综合比较，选择最适合企业自身特点的会计师事务所来完成企业上市的相关程序。

5.2.2 会计师事务所承担的工作

会计师事务所对企业挂牌上市需要完成的主要工作如下：
（1）负责企业财务报表审计，并出具三年又一期的审计报告；
（2）负责企业资本验证，并出具有关验资报告；
（3）负责企业盈利预测报告审核，并出具盈利预测审核报告；
（4）负责企业内部控制鉴证，并出具内部控制鉴证报告；
（5）负责核验企业的非经常性损益明细项目和金额；
（6）对发行人主要税种纳税情况出具专项意见；
（7）对发行人原始财务报表与申报财务报表的差异情况出具专项意见；
（8）提供与发行上市有关的财务会计咨询服务。

在区域版股权交易市场挂牌，会计师事务所实际所承担的工作不是上述工作的全部，例如：企业不进行股份制改造、不增资扩股，则无需出具验资报告，只是对企业原有的验资报告进行实质性考察。对内部控制和盈利能力的预测，会计师事务所需要进行审核审查，也无需出具书面报告，只是在挂牌材料中对上述内容做出判断和表述。

本章节将针对会计师事务所对企业上市所需要完成一系列

的相关文件,以青岛某家上市企业为实例,做逐一详细的介绍。

5.3　实施审计出具审计报告

5.3.1　审计报告

封面

《审计报告》的封面不要求特定的格式,而在封面的内容中通常会注明拟挂牌公司的名称、"审计报告"字样,审计报告中数据覆盖的起止年度;列明主要涉及的具体审计内容;出具《审计报告》的会计师事务所名称及联系方式。将"审计报告"字样放置在封面的显著位置。

为了使读者更好地理解《审计报告》封面的编写,本章提供一份《审计报告》封面的样板,供读者参考。

审计报告

2013—2015 年度

目　录

　　　　　　　　　　　　　　　　页次
一、审计报告　　　　　　　　　　1～2
二、资产负债表　　　　　　　　　3～4
三、利润表　　　　　　　　　　　5
四、现金流量表　　　　　　　　　6
五、所有者权益变动表　　　　　　7～9
六、财务报表附注　　　　　　　　10～42

　　委托单位:×××××有限公司
　　审计单位:×××会计师事务所
　　联系电话:(××××)××××××××

正文

《审计报告》正文中通常首先明确该审计报告所审计对象，即委托审计的拟挂牌企业。标明具体的审计所属期间，以及在各个审计所属期间内，会计师事务所审计的相关内容有哪些。一般会涉及企业该时段内的资产负债表、利润表、现金流量表及财务报表附注等内容。

同时，报告中会同时涵盖委托单位管理层对财务报表的责任，会计师事务所中执行本次审核工作的相关注册会计师的责任及审计工作实施所遵循的理念和方法。

根据会计师事务所审计的结果，出具审计意见，为委托单位就审计所属期间内的审计材料情况，列明审计结论。

审计报告中需要注明明确的该审计报告的编号，出具审计报告的会计师事务所名称并加盖公章，执行本次审计工作的注册会计师之签章，报告出具的时间。

例如：

审计报告

×××××[××××] 第 ××× 号

××××× 有限公司：

我们审计了后附的 ××××× 有限公司（以下简称"贵公司"）财务报表，包括 2013 年 12 月 31 日、2014 年 12 月 31 日、2015 年 10 月 31 日的资产负债表，2013 年度、2014 年度、2015 年 1~10 月份的利润表、现金流量表以及财务报表附注。

一、管理层对财务报表的责任

编制和公允列报财务报表是贵公司管理层的责任，这种责任包括：(1) 按照《企业会计准则》的规定编制财务报表，并使其实现公允反映；(2) 设计、执行和维护必要的内部控制，以使财务报表不存在由于舞弊或错误导致的重大错报。

二、注册会计师的责任

我们的责任是在执行审计工作的基础上对财务报表发

表审计意见。我们按照中国注册会计师审计准则的规定执行了审计工作。中国注册会计师审计准则要求我们遵守中国注册会计师职业道德守则，计划和执行审计工作以对财务报表是否不存在重大错报获取合理保证。

审计工作涉及实施审计程序，以获取有关财务报表金额和披露的审计证据。选择的审计程序取决于注册会计师的判断，包括对由于舞弊或错误导致的财务报表重大错报风险的评估。在进行风险评估时，注册会计师考虑与财务报表编制和公允列报相关的内部控制，以设计恰当的审计程序，但目的并非对内部控制的有效性发表意见。审计工作还包括评价管理层选用会计政策的恰当性和做出会计估计的合理性，以及评价财务报表的总体列报。

我们相信，我们获取的审计证据是充分、适当的，为发表审计意见提供了基础。

三、审计意见

我们认为，贵公司财务报表在所有重大方面按照《企业会计准则》的规定编制，公允反映了贵公司2013年12月31日、2014年12月31日、2015年10月31日的财务状况以及2013年度、2014年度、2015年1～10月份的经营成果和现金流量。

×××会计师事务所　　　　　中国注册会计师：
　　　中国　　　　　　　　　中国注册会计师：
　　　　　　　　　　　　　××××年××月××日

5.3.2　审计报告后附会计报表

编者按：企业财务数据非企业真实数据，仅为编写需要虚构数据。

实际中，审计后附会计报表包括资产负债表、利润表、现金流量表、所有者权益变动表。

后付会计报表应当涵盖正文中会计期间、会计时间点上对应的全部数字，对报表数字编制索引号码以便进行会计报表附注说明。

表 5-1　资产负债表

编制单位：×××××有限公司　　　2015年10月31日　　　单位：人民币(元)

项目	附注	2015年10月31日	2014年12月31日	2013年12月31日
流动资产：				
货币资金	七(一)	296 836.51	365 183.95	206 836.51
交易性金融资产				
应收票据				
应收账款	七(二)	3 090 504.51	2 147 285.88	813 143.81
预付款项				
应收利息				
应收股利				
其他应收款	七(三)	553 583.47	14 095.50	295 035.27
存货	七(四)	1 866 991.25	2 493 714.72	1 032 514.59
一年内到期的非流动资产				
其他流动资产				
流动资产合计		5 807 915.74	5 020 280.05	2 347 530.18
非流动资产：				
可供出售金融资产				
持有至到期投资				
长期应收款				
长期股权投资				
投资性房地产				
固定资产	七(五)	2 478 772.66	2 976 111.87	3 122 022.56
在建工程				
工程物资				
固定资产清理				
生产性生物资产				
油气资产				
无形资产				
商誉				

续表

项目	附注	2015年10月31日	2014年12月31日	2013年12月31日
长期待摊费用				
递延所得税资产				
其他非流动资产				
非流动资产合计		2 478 772.66	2 976 111.87	3 122 022.56
资产总计		8 286 688.40	7 996 391.92	5 469 552.74

表 5-2 资产负债表(续)

编制单位：×××××有限公司　　　2015年10月31日　　　单位：人民币(元)

项目	附注	2015年10月31日	2014年12月31日	2013年12月31日
流动负债：				
短期借款				
交易性金融负债				
应付票据				
应付账款	七(六)	2 684 420.01	3 436 134.41	1 120 568.24
预收款项				
应付职工薪酬	七(七)	97 603.00	39 556.00	
应交税费	七(八)	−50 190.81	−4 278.15	−8 839.47
应付利息				
应付股利				
其他应付款	七(九)	3 630 860.73	2 964 646.16	3 422 397.15
一年内到期的非流动负债				
其他流动负债				
流动负债合计		6 362 692.93	6 436 058.42	4 534 125.92
非流动负债：				
长期借款				
应付债券				
长期应付款				
专项应付款				

续表

项目	附注	2015年10月31日	2014年12月31日	2013年12月31日
预计负债				
递延所得税负债				
其他非流动负债				
非流动负债合计				
负债合计		6 362 692.93	6 436 058.42	4 534 125.92
所有者权益:				
股本	七(十)	500 000.00	500 000.00	500 000.00
资本公积				
减:库存股				
专项储备				
盈余公积				
未分配利润	七(十一)	1 423 995.47	1 060 333.50	435 426.82
所有者权益合计		1 923 995.47	1 560 333.50	935 426.82
负债和所有者权益总计		8 286 688.40	7 996 391.92	5 469 552.74

表 5-3 利润表

编制单位:×××××有限公司　　　　2015年1～10月　　　　单位:人民币(元)

项目	附注	2015年1～10月	2014年度	2013年度
一、营业收入	七(十二)	9 643 427.67	16 816 291.27	8 352 073.53
减:营业成本	七(十三)	8 621 848.23	15 118 340.05	7 565 478.22
营业税金及附加	七(十四)	17 466.50	45 173.00	
销售费用	七(十五)	29 551.56	202 956.63	54 790.00
管理费用	七(十六)	483 349.01	611 165.09	510 128.41
财务费用	七(十七)	6 329.74	5 447.59	374.00
资产减值损失				
加:公允价值变动收益				
投资收益				
其中:对联营企业和合营企业的投资收益				

续表

项目	附注	2015年1~10月	2014年度	2013年度
二、营业利润		484 882.63	833 208.91	221 302.90
加:营业外收入				
减:营业外支出	七(十八)			385.01
其中:非流动资产处置净损失				
三、利润总额		484 882.63	833 208.91	220 917.89
减:所得税费用	七(十九)	121 220.66	208 302.23	55 229.47
四、净利润		363 661.97	624 906.68	165 688.42

表5-4 现金流量表

编制单位:×××××有限公司　　2015年1~10月　　单位:人民币(元)

项目	附注	2015年1~10月	2014年度	2013年度
一、经营活动产生的现金流量				
销售商品、提供劳务收到的现金		9 667 991.77	17 208 274.74	9 287 207.11
收到的税费返还				
收到其他与经营活动有关的现金		666 214.57	280 939.77	1 676 281.99
经营活动现金流入小计		10 334 206.34	17 489 214.51	10 963 489.10
购买商品、接受劳务支付的现金		8 926 544.11	15 236 148.90	7 965 052.32
支付给职工以及为职工支付的现金		618 579.21	642 214.48	640 168.10
支付的各项税费		203 131.84	291 611.63	66 061.27
支付其他与经营活动有关的现金		600 313.91	702 538.40	479 494.23
经营活动现金流出小计		10 348 569.07	16 872 513.41	9 150 775.92
经营活动产生的现金流量净额		-14 362.73	616 701.10	1 812 713.18
二、投资活动产生的现金流量				
收回投资收到的现金				

续表

项目	附注	2015年1~10月	2014年度	2013年度
取得投资收益收到的现金				
收到其他与投资活动有关的现金				
投资活动现金流入小计				
购建固定资产、无形资产和其他长期资产支付的现金		53 984.71	458 353.66	1 848 262.75
投资支付的现金				
取得子公司及其他营业单位支付的现金净额				
支付其他与投资活动有关的现金				
投资活动现金流出小计		53 984.71	458 353.66	1 848 262.75
投资活动产生的现金流量净额		−53 984.71	−458 353.66	−1 848 262.75
三、筹资活动产生的现金流量				
吸收投资收到的现金				
取得借款收到的现金				
筹资活动现金流入小计				
偿还债务支付的现金				
分配股利、利润或偿付利息支付的现金				
筹资活动现金流出小计				
筹资活动产生的现金流量净额				
四、汇率变动对现金及现金等价物的影响				
五、现金及现金等价物净增加额		−68 347.44	158 347.44	−35 549.57
加：年初现金及现金等价物余额		365 183.95	206 836.51	242 386.08
六、期末现金及现金等价物余额		296 836.51	365 183.95	206 836.51

表 5-5　股东权益变动表（续）

编制单位：××××××有限公司　　　　2013 年度　　　　单位：人民币（元）

项目	行次	股本	资本公积	减：库存股	专项储备	盈余公积	未分配利润	所有者权益合计
一、上年年末余额	1	500 000.00					269 738.40	769 738.40
加：会计政策变更	2							
前期差错更正	3							
其他	4							
二、本年年初余额	5	500 000.00					269 738.40	769 738.40
三、本期增减变动金额（减少以"－"号填列）	6						165 688.42	165 688.42
（一）净利润	7						165 688.42	165 688.42
（二）直接计入所有者权益的利得和损失	8							
1. 可供出售金融资产公允价值变动净额	9							
2. 权益法下被投资单位其他所有者权益变动的影响	10							
3. 与计入所有者权益项目相关的所得税影响	11							
4. 其他	12							
上述（一）和（二）小计	13						165 688.42	165 688.42
（三）所有者投入和减少资本	14							

续表

项目	行次	股本	资本公积	减:库存股	专项储备	盈余公积	未分配利润	所有者权益合计
1. 所有者投入资本	15							
2. 股份支付计入所有者权益的金额	16							
3. 其他	17							
（四）利润分配	18							
1. 提取盈余公积	19							
3. 对股东的分配	20							
4. 其他	21							
（五）所有者权益内部结转	22							
1. 资本公积转增股本	23							
2. 盈余公积转增股本	24							
3. 盈余公积弥补亏损	25							
4. 其他	26							
四、本期期末余额	27	500 000.00					435 426.82	935 426.82

法定代表人：张涛　　主管会计工作负责人：　　会计机构负责人：

编制单位：×××××有限公司　　　　股东权益变动表（续）

表 5-6　股东权益变动表（续）

2014 年度

单位：人民币（元）

项目	行次	股本	资本公积	减：库存股	专项储备	盈余公积	未分配利润	所有者权益合计
一、上年年末余额	1	500 000.00					435 426.82	935 426.82
加：会计政策变更	2							
前期差错更正	3							
其他	4							
二、本年年初余额	5	500 000.00					435 426.82	935 426.82
三、本期增减变动金额（减少以"—"号填列）	6						624 906.68	624 906.68
（一）净利润	7						624 906.68	624 906.68
（二）直接计入所有者权益的利得和损失	8							
1. 可供出售金融资产公允价值变动净额	9							
2. 权益法下被投资单位其他所有者权益变动的影响	10							
3. 与计入所有者权益项目相关的所得税影响	11							
4. 其他	12							
上述（一）和（二）小计	13						624 906.68	624 906.68
（三）所有者投入和减少资本	14							

续表

项目	行次	股本	资本公积	减:库存股	专项储备	盈余公积	未分配利润	所有者权益合计
1. 所有者投入资本	15							
2. 股份支付计入所有者权益的金额	16							
3. 其他	17							
(四) 利润分配	18							
1. 提取盈余公积	19							
2. 对股东的分配	20							
4. 其他	21							
(五) 所有者权益内部结转	22							
1. 资本公积转增股本	23							
2. 盈余公积转增股本	24							
3. 盈余公积弥补亏损	25							
4. 其他	26							
四、本期期末余额	27	500 000.00					1 060 333.50	1 560 333.50

法定代表人：张涛　　主管会计工作负责人：　　会计机构负责人：

表 5-7 股东权益变动表

编制单位：××××××有限公司　　2015 年 1～10 月　　单位：人民币（元）

项目	行次	股本	资本公积	减:库存股	专项储备	盈余公积	未分配利润	所有者权益合计
一、上年年末余额	1	500 000.00					1 060 333.50	1 560 333.50
加：会计政策变更	2							
前期差错更正	3							
其他	4							
二、本年年初余额	5	500 000.00					1 060 333.50	1 560 333.50
三、本期增减变动金额（减少以"—"号填列）	6						363 661.97	363 661.97
（一）净利润	7						363 661.97	363 661.97
（二）直接计入所有者权益的利得和损失	8							
1. 可供出售金融资产公允价值变动净额	9							
2. 权益法下被投资单位其他所有者权益变动的影响	10							
3. 与计入所有者权益项目相关的所得税影响	11							
4. 其他	12							
上述（一）和（二）小计	13						363 661.97	363 661.97
（三）所有者投入和减少资本	14							

续表

项目	行次	股本	资本公积	减:库存股	专项储备	盈余公积	未分配利润	所有者权益合计
1. 所有者投入资本	15							
2. 股份支付计入所有者权益的金额	16							
3. 其他	17							
(四)利润分配	18							
1. 提取盈余公积	19							
2. 对股东的分配	20							
3. 其他	21							
(五)所有者权益内部结转	22							
1. 资本公积转增股本	23							
2. 盈余公积转增股本	24							
3. 盈余公积弥补亏损	25							
4. 其他	26							
四、本期期末余额	27	500 000.00					1 423 995.47	1 923 995.47

法定代表人:张涛　　主管会计工作负责人:　　会计机构负责人:

5.3.3 审计报告后附会计报表附注

会计报表附注通常会从委托会计审计公司的基本情况入手，公司的基本情况介绍中包括公司的概况和历史沿革。历史沿革中一般会有公司设立以及公司历次变革的信息。

会计报表附注中一般还包含上市公司的会计制度、遵循企业会计准则的申明、重要会计政策和会计估计、会计报表重要的项目注释、关联方及其交易等相关内容。

本书编写时例举一企业基本情况、历史沿革、往来款明细等内容，其中相同类型的会计报表重要数字说明，仅举一个例子予以说明，读者可以对照阅读。

×××××有限公司会计报表附注

2013年1月1日——2015年10月31日

（除特别注明外，本附注金额单位均为人民币元）

一、公司基本情况

（一）公司概况

概况中通常只需要列明公司一般的信息内容,例如：公司名称、注册地址、注册资本、法定代表人、经营年限的相关信息。

例如：

公司名称：×××××有限公司（以下简称本公司）

公司注册地址：××市××区×××××工业园

注册资本：×××万元人民币（大写）

法定代表人：×××

经营期限：××年

（二）历史沿革

1. 公司初设。

（1）公司设立。

会计师事务所在企业注册地工商行政管理机关调取企业注册登记资料后，如实描述。设立信息一般包含：公司投资人、名称核准、验资报告、企业类型、经营范围、住所等信息。

例如：

×××××有限公司由自然人×××、×××共同出资设立，设立时注册资本为×××万元，公司法定代表人为×××，公司住所为××市××区×××路××号。设立时经营范围：……

××××年××月××日，××市工商行政管理局下发《企业名称预先核准通知书》，核准企业名称为"×××××有限公司"。

××××年××月××日，×××会计师事务所有限公司出具×××号《验资报告》，经审验，截至××××年××月××日，×××××有限公司（筹）已收到股东×××、×××缴纳的注册资本合计人民币×××万元。

××××年××月××日，×××××有限公司在××市工商行政管理局登记成立，领取注册号为××××××××××××××的《企业法人营业执照》，公司类型为有限责任公司（自然人投资或控股）。

×××××有限公司成立时的股东出资情况如下表所示。

序号	股东姓名	出资方式	出资金额（万元）	出资比例（%）
1	×××	实物	20.70	41.40
2	×××	实物	12.85	39.90
		货币	7.10	
3	×××	实物	9.35	18.70
合计			50	100

2. 历次变更。

会计师事务所在企业注册地工商行政管理机关调取企业变更登记资料后，如实描述。例如：企业变更的决议、事项、时间等。依照时间顺序逐条逐项编写。编写时把握三个方面：

第一,变更前的情况;第二,变更事项在企业内部履行了怎样的程序;第三,登记机关做出的决定,一般也就是变更后的情况。

例如:

××××年××月××日,×××××有限公司变更名称

企业原名为×××××有限公司。根据××××年××月××日×××××有限公司股东会决议、章程修正案,以及××××年××月××日取得××市工商行政管理局名称变更核准通知。变更为×××××有限公司。

××××年××月××日,××市工商行政管理局为×××××有限公司(原名称)换发了名称为×××××有限公司(变更后名称)的《企业法人营业执照》。

二、财务报表的编制基础

财务报表的编制基础通常会列明上市公司遵循的是哪些财务会计准则、政策及规范。

例如:

本公司财务报表以持续经营假设为基础,根据实际发生的交易和事项,按照财政部2006年2月15日颁布的《企业会计准则》及其应用指南的有关规定,并基于以下所述重要会计政策、会计估计进行编制。

三、遵循企业会计准则的声明

会计师事务所在审查上市公司的财务报表后,对财务报表编制的真实性、完整性做出声明。

例如:

本公司编制的财务报表符合《企业会计准则》的要求,真实、完整地反映了本公司的财务状况、经营成果和现金流量等有关信息。

四、重要会计政策和会计估计

会计师事务所在对公司重要会计政策和会计估计进行审查后,列明并描述公司各项相关信息。其中一般包含:会计年度、记账本位币、记账基础、计量属性、现金及现金等价物、外币交易及外币财务报表折算、金融资产、存货、长期股权投资、固定资产、在建工程、无形资产、商誉、长期待摊费用、金融负债、职工薪酬、收入实现的确认原则、政府补助、租赁、所得税、企业合并等相关信息。

(一)会计年度

本公司会计年度为公历年度,即每年1月1日起至12月31日止。

(二)记账本位币

本公司以人民币为记账本位币。

(三)记账基础

本公司以权责发生制为基础进行会计确认、计量和报告,并采用借贷记账法记账。

(四)计量属性

本公司在对会计要素进行计量时,一般采用历史成本;对于按照准则的规定采用重置成本、可变现净值、现值或公允价值等其他属性进行计量的情形,本公司将予以特别说明。

(五)现金及现金等价物

本公司在编制现金流量表时所确定的现金等价物,是指本公司持有的期限短、流动性强、易于转换为已知金额现金、价值变动风险很小的投资。

(六)外币交易及外币财务报表折算

1. 外币交易。

本公司对发生的外币业务,采用与交易发生日即期汇率近似的汇率折合本位币入账。资产负债表日,外币货币性项目按资产负债表日即期汇率折算,以历史成本计量的外币非货币性项目,仍采用原记账汇率折算,不改变其记账本位币金额。

外币汇兑损益,除与购建或者生产符合资本化条件的资产有关的外币专门借款产生的汇兑损益,在资产达到预定可使用或者可销售状态前计入符合资本化条件的资产的成本,其余均计入当期损益。

2. 外币财务报表折算。

本公司对合并范围内境外经营实体的财务报表(含采用不同于本公司记账本位币的境内子公司、合营企业、联营企业、分支机构等),折算为人民币财务报表进行编报。

资产负债表中的资产和负债项目,采用资产负债表日的即期汇率折算,所有者权益项目除"未分配利润"项目外,其他项目采用发生时的汇率折算。利润表中的收入和费用项目,采用年度平均汇率折算。折算产生的外币财务报表折算差额,在资产负债表中所有者权益项目下单独列示。外币现金流量采用年度平均汇率折算。汇率变动对现金的影响额,在现金流量表中单独列示。

处置境外经营时,与该境外经营有关的外币报表折算差额,按比例转入处置当期损益。

(七) 金融资产

金融资产于初始确认时分类为:以公允价值计量且其变动计入当期损益的金融资产、应收款项、可供出售金融资产和持有至到期投资。金融资产的分类取决于本公司及其子公司对金融资产的持有意图和持有能力。

1. 金融资产的分类、确认和计量。

(1) 以公允价值计量且其变动计入当期损益的金融资产。

包括交易性金融资产和直接指定为以公允价值计量且其变动计入当期损益的金融资产,按照取得时的公允价值作为初始确认金额,相关的交易费用在发生时计入当期损益。支付的价款中包含已宣告但尚未发放的现金股利或已到付息期但尚未领取的债券利息,单独确认为应收项目。本公司在持有该等金融资产期间取得的利息或现金股利,于收到时确认为投资收益。资产负债表日,本公司将该等金融资产的公允价值变动计入当期损益。处置该等金融资产时,该等金融资产公允价值与初始入账金额之间的差额确认为投资收益,同时调整公允价值变动损益。

(2)应收款项。

本公司应收款项(包含应收账款、长期应收款和其他应收款)按合同或协议价款作为初始入账金额。凡因债务人破产,依照法律清偿程序清偿后仍无法收回;或因债务人死亡,既无遗产可供清偿,又无义务承担人,确实无法收回;或因债务人逾期未能履行偿债义务,经法定程序审核批准,该等应收款项列为坏账损失。

本公司坏账损失核算采用备抵法。在资产负债表日,对于单项金额重大的应收款项,单独进行减值测试,如有客观证据表明其已发生减值,确认资产减值损失;对于单项金额非重大的应收款项则按信用风险和账龄特征予以组合,集中进行减值测试。

本公司制定的信用政策在充分考虑了不同市场、不同客户的风险情况下,将单项金额非重大的应收账款和长期应收款,以应收账款和长期应收款的信用期和账龄作为风险特征的标志进行组合,并按组合在资产负债表日余额的一定比例计提坏账准备,具体如下。

类别	风险特征组合	计提比例
按合同规定未到期的应收账款	信用期	
1年以内(含1年)的应收账款	账龄	0%
1~2年(含2年)的应收账款	账龄	10%
2~3年(含3年)的应收账款	账龄	20%
3~4年(含4年)的应收账款	账龄	40%
4~5年(含5年)的应收账款	账龄	80%
5年以上的应收账款	账龄	100%

其他应收款以账龄作为风险特征确定坏账准备的计提比例如下。

账龄	1年以内	1～2年	2～3年	3～4年	4～5年	5年以上
计提比例	0%	10%	20%	40%	80%	100%

本公司以应收债权向银行等金融机构转让、质押或贴现等方式融资时,根据相关合同的约定,当债务人到期未偿还该项债务时,若本公司负有向金融机构还款的责任,则该应收债权作为质押贷款处理;若本公司没有向金融机构还款的责任,则该应收债权作为转让处理,并确认债权的转让损益。

本公司收回应收款项时,将取得的价款和应收款项账面价值之间的差额计入当期损益。

(3) 可供出售金融资产。

本公司可供出售金融资产按取得时的公允价值和相关交易费用之和作为初始确认金额。支付的价款中包含已到付息期但尚未领取的债券利息或已宣告但尚未发放的现金股利,单独确认为应收项目。本公司可供出售金融资产持有期间取得的利息或现金股利,确认为投资收益。资产负债表日,可供出售资产按公允价值计量,其公允价值变动计入"资本公积—其他资本公积"。

对于可供出售金融资产,如果其公允价值出现持续大幅度下降,且预期该下降为非暂时性的,则根据其初始投资成本扣除已收回本金和已摊销金额及当期公允价值后的差额计算确认减值损失;在计提减值损失时将原直接计入所有者权益的公允价值下降形成的累计损失一并转出,计入"资产减值损失"。

处置可供出售金融资产时,将取得的价款和该金融资产的账面价值之间的差额,计入投资收益,同时,将原直接计入所有者权益的公允价值变动累计额对应处置部分的金额转出,计入投资收益。

(4) 持有至到期投资。

按取得时的公允价值和相关交易费用之和作为初始确认金额。支付的价款中包含的已到付息期但尚未领取的债券利息的,单独确认为应收项目。持有至到期投资在持有期间按照摊余成本和实际利率确认利息收入,计入投资收益。实际利率在取得持有至到期投资时确定,在随后期间保持不变。实际利率与票面利率差别很小的,按票面利率计算利息收入,计入投资收益。处置持有至到期投资时,将所取得价款与该投资账面价值之间的差额确认为投资收益。

资产负债表日,对于持有至到期投资,有客观证据表明其发生了减值的,根据其账面价值与预计未来现金流量现值之间差额计算确认减值损失;计提后如有证据表明其价值已恢复,原确认的减值损失可予以转回,记入当期损益,但该转回的账面价值不超过假定不计提减值准备情况下该金融资产在转回日的摊余成本。

如本公司因持有意图或能力发生改变,使某项投资不再适合作为持有至到期投资,则将其重分类为可供出售金融资产,并以公允价值进行后续计量。重分类日,该投资的账面价值与公允价值之间的差额计入所有者权益,在该可供出售金融资产发生减值或终止确认时转出,计入当期损益。

2. 金融工具公允价值的确定。

存在活跃市场的金融工具,以活跃市场中的报价确定其公允价值。不存在活跃市场的金融工具,采用估值技术确定其公允价值。估值技术包括参考熟悉情况并自愿交易的各方最近进行的市场交易中使用的价格、参照实质上相同的其他金融资产的当前公允价值、现金流量折现法等。采用估值技术时,尽可能最大程度使用市场参数,减少使用与本公司及其子公司特定相关的参数。

（八）存货

存货是指本公司在日常活动中持有以备出售的产成品或商品、处在生产过程中的在产品、在生产过程或提供劳务过程中耗用的材料和物料等。主要包括原材料、周转材料、委托加工材料、包装物、低值易耗品、在产品、自制半成品、产成品（库存商品）等。

存货在取得时，按成本进行初始计量，包括采购成本、加工成本和其他成本。存货发出时，采取加权平均法确定其发出的实际成本。低值易耗品采用一次摊销法摊销。

本公司的存货盘存制度为永续盘存制。本公司定期对存货进行清查，盘盈利得和盘亏损失计入当期损益。

资产负债表日，存货按照成本与可变现净值孰低计量，并按单个存货项目计提存货跌价准备，如果以前减记存货价值的影响因素已经消失，则以原计提的存货跌价准备金额为限予以转回，计入当期损益。

（九）长期股权投资

1. 长期股权投资的确认和计量。

本公司的长期股权投资包括对子公司的投资、对合营企业、联营企业的投资和其他长期股权投资。

（1）对子公司的投资。

本公司对子公司的投资按照初始投资成本计价，追加或收回投资调整长期股权投资的成本。

后续计量采用成本法核算，编制合并财务报表时按照权益法进行调整。被投资单位宣告分派的现金股利或利润，确认为当期投资收益。本公司确认的投资收益，仅限于被投资单位接受投资后产生的累积净利润的分配额，所获得的利润或现金股利超过上述数额的部分作为初始投资成本的收回。

（2）对合营企业、联营企业的投资。

本公司对被投资单位具有共同控制或重大影响的长期

股权投资,采用权益法核算。共同控制,是指按照合同约定对某项经济活动所共有的控制,仅在与该项经济活动相关的重要财务和经营决策需要分享控制权的投资方一致同意时存在。投资企业与其他方对被投资单位实施共同控制的,被投资单位为其合营企业;重大影响,是指对一个企业的财务和经营政策有参与决策的权力,但并不能够控制或者与其他方一起共同控制这些政策的制定。投资企业能够对被投资单位施加重大影响的,被投资单位为其联营企业。

初始投资成本大于投资时应享有被投资单位可辨认净资产公允价值份额的,不调整长期股权投资的初始投资成本;长期股权投资的初始投资成本小于投资时应享有被投资单位可辨认净资产公允价值份额的,其差额应当计入当期损益,同时,调整长期股权投资的成本。

取得长期股权投资后,按照应享有或应分担的被投资单位实现的净损益的份额,确认投资损益并调整长期股权投资的账面价值。本公司按照被投资单位宣告分派的利润或现金股利计算应分得的部分,相应减少长期股权投资的账面价值。

(3) 其他长期股权投资。

本公司对被投资单位不具有共同控制或重大影响,并且在活跃市场中没有报价、公允价值不能可靠计量的长期股权投资,按照初始投资成本计价,后续计量采用成本法核算。

2. 长期股权投资的减值。

资产负债表日,公司对子公司、合营企业、联营企业的投资,按账面价值与可收回金额孰低计提减值准备,减值损失一经计提,在以后会计期间不再转回。

公司对被投资单位不具有共同控制或重大影响,并且在活跃市场没有报价、公允价值不能可靠计量的投资发生减值时,按其账面价值,与按照类似投资当时市场收益率对未来现金流量折现确定的现值之间的差额,确认为减值损失,计入当期损益,减值损失一经计提不再转回。

(十)固定资产

本公司固定资产按成本进行初始计量。其中,外购的固定资产的成本包括购买价款、相关税费,以及为使固定资产达到预定可使用状态前所发生的可直接归属于该资产的其他支出。自行建造固定资产的成本,由建造该项资产达到预定可使用状态前所发生的必要支出构成。购买固定资产的价款超过正常信用条件延期支付,实质上具有融资性质的,固定资产的成本以购买价款的现值为基础确定。实际支付的价款与购买价款的现值之间的差额,除应予资本化的以外,在信用期间内计入当期损益。

除已提足折旧仍继续使用的固定资产和单独计价入账的土地之外,本公司对所有固定资产计提折旧。折旧方法采用年限平均法。

本公司根据固定资产的性质和使用情况,确定固定资产的使用寿命和预计净残值。并在年度终了,对固定资产的使用寿命、预计净残值和折旧方法进行复核,如与原先估计数存在差异的,进行相应的调整。

本公司的固定资产类别、预计使用寿命、预计净残值率和年折旧率如下。

资产类别	预计使用寿命(年)	预计净残值率	年折旧率
房屋及建筑物	20年	10%	4.5%
机器设备	10年	10%	9%
运输设备	5年	10%	18%
其他设备	3年	10%	30%

资产负债表日,固定资产按照账面价值与可收回金额孰低计价。若固定资产的可收回金额低于账面价值,将资产的账面价值减记至可收回金额,减记的金额确认为资产减值损

失,计入当期损益,同时,计提相应的资产减值准备。固定资产减值损失一经确认,在以后会计期间不再转回。

当固定资产被处置、或者预期通过使用或处置不能产生经济利益时,终止确认该固定资产。固定资产出售、转让、报废或毁损的处置收入扣除其账面价值和相关税费后的金额计入当期损益。

(十一)在建工程

本公司自行建造的在建工程按实际成本计价,实际成本由建造该项资产达到预定可使用状态前所发生的必要支出构成。

已达到预定可使用状态但尚未办理竣工决算的固定资产,按照估计价值确定其成本,并计提折旧;待办理竣工决算后,再按实际成本调整原来的暂估价值,但不调整原已计提的折旧额。

资产负债表日,本公司对在建工程按照账面价值与可收回金额孰低计量,按单项工程可收回金额低于账面价值的差额,计提在建工程减值准备,计入当期损益,同时,计提相应的资产减值准备。在建工程减值损失一经确认,在以后会计期间不再转回。

(十二)无形资产

无形资产是指本公司拥有或者控制的没有实物形态的可辨认非货币性资产,包括土地使用权、软件系统等。

无形资产按照成本进行初始计量。购入的无形资产,按实际支付的价款和相关支出作为实际成本。投资者投入的无形资产,按投资合同或协议约定的价值确定实际成本,但合同或协议约定价值不公允的,按公允价值确定实际成本。

本公司在取得无形资产时分析判断其使用寿命,划分为使用寿命有限和使用寿命不确定的无形资产。

使用寿命有限的无形资产,在使用寿命内采用直线法摊销,并在年度终了,对无形资产的使用寿命和摊销方法进行复核,如与原先估计数存在差异的,进行相应的调整。

使用寿命不确定的无形资产不予摊销。本公司在每个会计期间对使用寿命不确定的无形资产的使用寿命进行复核,当有确凿证据表明其使用寿命是有限的,则估计其使用寿命,按直线法进行摊销。

资产负债表日,本公司对无形资产按照其账面价值与可收回金额孰低计量,按可收回金额低于账面价值的差额计提无形资产减值准备,相应的资产减值损失计入当期损益。无形资产减值损失一经确认,在以后会计期间不再转回。

(十三)商誉

商誉为非同一控制下企业合并成本超过应享有的被投资单位或被购买方可辨认净资产于取得日或购买日的公允价值份额的差额。

与子公司有关的商誉在合并财务报表上单独列示。

在财务报表中单独列示的商誉至少在每年年终进行减值测试。减值测试时,商誉的账面价值根据企业合并的协同效应分摊至受益的资产组或资产组组合。

(十四)长期待摊费用

本公司长期待摊费用是指已经支出,但受益期限在一年以上(不含一年)的各项费用,主要包括房屋装修费等。长期待摊费用按费用项目的受益期限分期摊销。

(十五)借款费用

本公司发生的借款费用,可直接归属于符合资本化条件的资产的购建或者生产的,予以资本化,计入相关资产成本;其他借款费用,在发生时根据其发生额确认为费用,计入当期损益。符合资本化条件的资产,是指需要经过相当长时间的购建或者生产活动才能达到预定可使用或者可销售状态的固定资产、投资性房地产和存货等资产。

符合资本化条件的资产在购建或者生产过程中发生非正常中断、且中断时间连续超过3个月的,暂停借款费用的资本化。在中断期间发生的借款费用确认为费用,计入当期损益,直至资产的购建或者生产活动重新开始。如果中断是所购建或者生产的符合资本化条件的资产达到预定可使用或者可销售状态必要的程序,借款费用继续资本化。

购建或者生产符合资本化条件的资产达到预定可使用或者可销售状态时,停止借款费用资本化。

(十六) 金融负债

本公司的金融负债包括:以公允价值计量且其变动计入当期损益的金融负债和其他金融负债。

1. 以公允价值计量且其变动计入当期损益的金融负债。

包括交易性金融负债和直接指定为以公允价值计量且其变动计入当期损益的金融负债。

本公司持有该类金融负债按公允价值计价,并不扣除将来结清金融负债时可能发生的交易费用。如不适合按公允价值计量时,本公司将该类金融负债改按摊余成本进行后续计量。

2. 其他金融负债。

本公司的其他金融负债是指除以公允价值计量且其变动计入当期损益的金融负债以外的金融负债。主要包括公司发行的债券、因购买商品产生的应付账款、长期应付款等。其他金融负债按其公允价值和相关交易费用之和作为初始确认金额。采用实际利率按摊余成本进行后续计量。

(十七) 职工薪酬

职工薪酬,是指本公司为获得职工提供的服务而给予各种形式的报酬以及其他相关支出。主要包括工资、奖金、津贴和补贴、职工福利费、社会保险费及住房公积金、工会经费、职工教育经费、非货币性福利、辞退福利和其他与获得职工提供的服务相关的支出。

1. 辞退福利。

本公司在职工劳动合同到期之前解除与职工的劳动关系，或者为鼓励职工自愿接受裁减而提出给予补偿的建议，当本公司已经制订正式的解除劳动关系计划（或提出自愿裁减建议）并即将实施，且本公司不能单方面撤回解除劳动关系计划或裁减建议的，确认因解除与职工的劳动关系给予补偿而产生的预计负债，同时计入当期损益。

公司的职工内部退休计划比照辞退福利处理，符合职工薪酬准则规定的确认条件时，按照内退计划规定，将自职工停止提供服务日至正常退休日之间期间、公司拟支付的内退人员工资和缴纳的社会保险费等，确认为预计负债，同时计入当期损益。

2. 其他方式的职工薪酬。

本公司在职工提供服务的会计期间，将应付的职工薪酬确认为负债，除辞退福利外，根据职工提供服务的受益对象计入相应的产品成本、劳务成本、资产成本及当期损益。

（十八）收入实现的确认原则

1. 销售商品。

本公司销售的商品在同时满足下列条件时，按从购货方已收或应收的合同或协议价款的金额确认销售商品收入：① 已将商品所有权上的主要风险和报酬转移给购货方；② 既没有保留通常与所有权相联系的继续管理权，也没有对已售出的商品实施有效控制；③ 收入的金额能够可靠地计量；④ 相关的经济利益很可能流入企业；⑤ 相关的已发生或将发生的成本能够可靠地计量。

合同或协议价款的收取采用递延方式，实质上具有融资性质的，按照应收的合同或协议价款的公允价值确定销售商品收入金额。

2. 提供劳务。

在资产负债表日提供劳务交易的结果能够可靠估计的，采用完工百分比法确认提供劳务收入。本公司根据已完工作的测量确定提供劳务交易的完工进度（完工百分比）。

在资产负债表日提供劳务交易结果不能够可靠估计的，分别下列情况处理：① 已经发生的劳务成本预计能够得到补偿的，按照已经发生的劳务成本金额确认提供劳务收入，并按相同金额结转劳务成本。② 已经发生的劳务成本预计不能够得到补偿的，将已经发生的劳务成本计入当期损益，不确认提供劳务收入。

3. 让渡资产使用权。

本公司在与让渡资产使用权相关的经济利益能够流入和收入的金额能够可靠的计量时确认让渡资产使用权收入。

（十九）政府补助

政府补助，是指本公司从政府无偿取得货币性资产或非货币性资产，但不包括政府作为企业所有者投入的资本。

1. 确认原则：政府补助同时满足下列条件，予以确认：① 本公司能够满足政府补助所附条件；② 本公司能够收到政府补助。

2. 计量：政府补助为货币性资产的，按照收到或应收的金额计量。政府补助为非货币性资产的，按照公允价值计量；公允价值不能可靠取得的，按照名义金额（人民币1元）计量。

3. 会计处理：与资产相关的政府补助，确认为递延收益，并在相关资产使用寿命内平均分配，计入当期损益。按照名义金额计量的政府补助，直接计入当期损益。与收益相关的政府补助，分别下列情况处理：① 用于补偿企业以后期间的相关费用或损失的，确认为递延收益，并在确认相关费用的期间，计入当期损益。② 用于补偿企业已发生的相关费用或损失的，直接计入当期损益。

（二十）租赁

如果租赁条款在实质上将与租赁资产所有权有关的全部风险和报酬转移给承租人，该租赁为融资租赁，其他租赁则为经营租赁。

经营租赁中的租金，本公司在租赁期内各个期间按照直线法确认当期损益。发生的初始直接费用，计入当期损益。

（二十一）所得税

本公司的所得税采用资产负债表债务法核算。资产、负债的账面价值与其计税基础存在差异的，按照规定确认所产生的递延所得税资产和递延所得税负债。

在资产负债表日，对于当期和以前期间形成的当期所得税负债（或资产），按照税法规定计算的预期应交纳（或返还）的所得税金额计量；对于递延所得税资产和递延所得税负债，根据税法规定，按照预期收回该资产或清偿该负债期间的适用税率计量。

递延所得税资产的确认以本公司很可能取得用来抵扣可抵扣暂时性差异、可抵扣亏损和税款抵减的应纳税所得额为限。

资产负债表日，对递延所得税资产的账面价值进行复核。除企业合并、直接在所有者权益中确认的交易或者事项产生的所得税外，本公司将当期所得税和递延所得税作为所得税费用或收益计入当期损益。

（二十二）企业合并

1. 同一控制下的企业合并。

对于同一控制下的企业合并，合并方在企业合并中取得的资产和负债，按照合并日在被合并方的账面价值计量。合并方取得的净资产账面价值与支付的合并对价账面价值（或发行股份面值总额）的差额，调整资本公积；资本公积不足冲减的,调整留存收益。

2. 非同一控制下的企业合并。

对于非同一控制下的企业合并,合并成本为购买方在购买日为取得对被购买方的控制权而付出的资产、发生或承担的负债以及发行的权益性证券的公允价值。通过多次交换交易分步实现的企业合并,合并成本为每一单项交易成本之和。购买方为进行企业合并发生的各项直接相关费用计入企业合并成本。

购买方对合并成本大于合并中取得的被购买方可辨认净资产公允价值份额的差额,确认为商誉。购买方对合并成本小于合并中取得的被购买方可辨认净资产公允价值份额的,经复核后合并成本仍小于合并中取得的被购买方可辨认净资产公允价值份额的差额,计入当期损益。

五、会计政策变更、会计估计变更以及重大前期差错更正的说明

审计报告附注中一般还会将上市公司在报告期间内会计政策、会计评估、重大前期差错更正的信息予以说明。如有变更,逐一列示;如果没有,即如实描述。

(一)报告期会计政策变更

无。

(二)报告期会计估计变更

无。

(三)重大前期差错更正

无。

六、税项

公司的各项税种以及各项税收的优惠情况,通常会由会计师事务所项进行审计后,在审计报告附注中加以说明。

（一）本公司主要应纳税项及税率列示如下：

1. 增值税。

本公司收入适用增值税，增值税征收率为17%。

2. 营业税。

本公司城建税以应纳流转税额为计税依据，适用税率为7%。

3. 城市维护建设税。

本公司教育费附加、地方教育费附加均以应纳流转税额为计税依据，适用税率分别为3%、2%。

4. 教育费附加。

本公司所得税适用税率为25%。

5. 所得税。

无。

（二）本公司税收优惠情况

略。

七、财务报表重要项目注释

财务审计报告附注中会将公司财务报表中重要项目予以注释，大致内容包含：货币资金、应收账款、其他应收款、存货、固定资产、应付账款、应付职工薪酬、应交税费、其他应付款、实收资本、未分配利润、营业收入和营业成本、营业税金及附加、销售费用、管理费用、财务费用、营业外支出、所得税费用、现金流量表附注等信息。各项内容一般需要会计师事务所审查近三年的情况，并以表格的形式呈现。

（一）货币资金

项目	2015年10月31日	2014年12月31日	2013年12月31日
现金	4 208.83	3 783.55	5 424.93
其中：人民币	4 208.83	3 783.55	5 424.93

续表

项目	2015年10月31日	2014年12月31日	2013年12月31日
美元			
港币			
银行存款	292 627.68	361 400.40	201 411.58
其中:人民币	292 627.68	361 400.40	201 411.58
美元			
港币			
其他货币资金			
其中:人民币			
美元			
港币			
合计	296 836.51	365 183.95	206 836.51

注:货币资金2015年10月31日余额较2014年年末余额减少68 347.44元,降低了18.72%;2014年年末余额较2013年年末余额增加158 347.44元,增长了76.56%。

(二)应收账款

1. 应收账款按种类列示如下表所示。

项目	2015年10月31日				账面价值
	账面余额		坏账准备		
	金额	占比	金额	占比	
单项金额重大并单项计提坏账准备的应收账款					
按组合计提坏账准备的应收账款	3 090 504.51	100.00%			3 090 504.51
单项金额虽不重大但单项计提坏账准备的应收账款					
合计	3 090 504.51	100.00%			3 090 504.51

（续）

项目	2014年12月31日				账面价值
	账面余额		坏账准备		
	金额	占比	金额	占比	
单项金额重大并单项计提坏账准备的应收账款					
按组合计提坏账准备的应收账款	2 147 285.88	100.00%			2 147 285.88
单项金额虽不重大但单项计提坏账准备的应收账款					
合计	2 147 285.88	100.00%			2 147 285.88

（续）

项目	2013年12月31日				账面价值
	账面余额		坏账准备		
	金额	占比	金额	占比	
单项金额重大并单项计提坏账准备的应收账款					
按组合计提坏账准备的应收账款	813 143.81	100.00%			813 143.81
单项金额虽不重大但单项计提坏账准备的应收账款					
合计	813 143.81	100.00%			813 143.81

2. 应收账款按账龄列示如下表所示。

账龄	2015年10月31日			
	金额	比例	坏账准备计提比例	坏账准备
1年以内	3 090 504.51	100.00%	0.00%	
1至2年				
2至3年				

续表

账龄	2015年10月31日			
	金额	比例	坏账准备计提比例	坏账准备
3至4年				
4至5年				
合计	3 090 504.51	100.00%	0.00%	

（续）

账龄	2014年12月31日			
	金额	比例	坏账准备计提比例	坏账准备
1年以内	2 147 285.88	100.00%	0.00%	
1至2年				
2至3年				
3至4年				
4至5年				
合计	2 147 285.88	100.00%	0.00%	

（续）

账龄	2012年12月31日			
	金额	比例	坏账准备计提比例	坏账准备
1年以内	813 143.81	100.00%	0.00%	
1至2年				
2至3年				
3至4年				
4至5年				
合计	813 143.81	100.00%	0.00%	

3. 应收账款2015年10月31日期末余额前5名的客户列示如下表所示。

欠款单位(人)名称	与本公司关系	欠款金额	欠款年限	占应收账款总额的比例
×××××有限公司	购销关系	801 997.60	1年以内	25.95%

续表

欠款单位(人)名称	与本公司关系	欠款金额	欠款年限	占应收账款总额的比例
×××××有限公司	购销关系	569 487.07	1年以内	18.43%
×××××有限公司	购销关系	533 240.00	1年以内	17.25%
×××××有限公司	购销关系	433 757.00	1年以内	14.04%
×××××有限公司	购销关系	421 938.00	1年以内	13.65%
合计		2 760 419.67		89.32%

4. 应收账款 2014 年 12 月 31 日期末余额前 5 名的客户列示如下表所示。

欠款单位(人)名称	与本公司关系	欠款金额	欠款年限	占应收账款总额的比例
×××××有限公司	购销关系	571 987.00	1年以内	26.64%
×××××有限公司	购销关系	463 104.75	1年以内	21.57%
×××××有限公司	购销关系	453 137.00	1年以内	21.10%
×××××有限公司	购销关系	300 075.00	1年以内	13.97%
×××××有限公司	购销关系	255 610.12	1年以内	11.90%
合计		2 043 913.87		95.18%

5. 应收账款 2013 年 12 月 31 日期末余额前五名的客户列示如下表所示。

欠款单位(人)名称	与本公司关系	欠款金额	欠款年限	占应收账款总额的比例
×××××有限公司	购销关系	233 137.00	1年以内	28.67%
×××××有限公司	购销关系	155 738.00	1年以内	19.15%
×××××有限公司	购销关系	151 255.36	1年以内	18.60%
×××××有限公司	购销关系	106 104.75	1年以内	13.05%
×××××有限公司	购销关系	99 296.56	1年以内	12.21%
合计		745 531.67		91.68%

(三) 其他应收款

1. 其他应收款按种类列示如下表所示。

项目	2015 年 10 月 31 日				账面价值
	账面余额		坏账准备		
	金额	占比	金额	占比	
单项金额重大并单项计提坏账准备的其他应收款					
按组合计提坏账准备的其他应收款	553 583.47	100.00%			553 583.47
单项金额虽不重大但单项计提坏账准备的其他应收款					
合计	553 583.47	100.00%			553 583.47

(续)

项目	2014 年 12 月 31 日				账面价值
	账面余额		坏账准备		
	金额	占比	金额	占比	
单项金额重大并单项计提坏账准备的其他应收款					
按组合计提坏账准备的其他应收款	14 095.50	100.00%			14 095.50
单项金额虽不重大但单项计提坏账准备的其他应收款					
合计	14 095.50	100.00%			14 095.50

(续)

项目	2013 年 12 月 31 日				账面价值
	账面余额		坏账准备		
	金额	占比	金额	占比	
单项金额重大并单项计提坏账准备的其他应收款					

续表

项目	2013年12月31日				账面价值
	账面余额		坏账准备		
	金额	占比	金额	占比	
按组合计提坏账准备的其他应收款	295 035.27	100.00%			295 035.27
单项金额虽不重大但单项计提坏账准备的其他应收款					
合计	295 035.27	100.00%			295 035.27

2. 其他应收款按账龄如下表所示。

账龄	2015年10月31日			
	金额	比例	坏账准备计提比例	坏账准备
1年以内	553 583.47	100.00%		
1至2年				
2至3年				
3至4年				
4至5年				
5年以上				
合计	553 583.47	100.00%		

（续）

账龄	2014年12月31日			
	金额	比例	坏账准备计提比例	坏账准备
1年以内	14 095.50	100.00%	0.00%	
1至2年				
2至3年				
3至4年				
4至5年				
5年以上				
合计	14 095.50	100.00%	0.00%	

（续）

账龄	2013年12月31日			
	金额	比例	坏账准备计提比例	坏账准备
1年以内	295 035.27	100.00%		
1至2年				
2至3年				
3至4年				
4至5年				
5年以上				
合计	295 035.27	100.00%		

3. 2015年10月31日其他应收款期末余额前一名的客户列示如下表所示。

欠款单位(人)名称	与本公司关系	欠款金额	欠款年限	占其他应收款总额的比例
出口退税	退税款	553 583.47	1年以内	100.00%
合计		553 583.47		100.00%

4. 2014年12月31日其他应收款期末余额前一名的客户列示如下表所示。

欠款单位(人)名称	与本公司关系	欠款金额	欠款年限	占其他应收款总额的比例
出口退税	退税款	14 095.50	1年以内	100.00%
合计		14 095.50		100.00%

5. 2013年12月31日其他应收款期末余额前一名的客户列示如下表所示。

欠款单位(人)名称	与本公司关系	欠款金额	欠款年限	占其他应收款总额的比例
出口退税	退税款	295 035.27	1年以内	100.00%
合计		295 035.27		100.00%

（四）存货

存货分项列示如下表所示。

项目名称	2015年10月31日		2014年12月31日		2013年12月31日	
	账面余额	坏账准备	账面余额	坏账准备	账面余额	坏账准备
产成品	578 196.71		698 935.74		204 011.02	
原材料	583 447.76		976 035.11		404 346.42	
生产成本	705 346.78		818 743.87		424 157.15	
合计	1 866 991.25		2 493 714.72		1 032 514.59	

（五）固定资产

固定资产及其累计折旧明细项目和增减变动如下表所示。

项目	2015年1月1日	本期增加额	本期减少额	2015年10月31日
一、原价合计	5 421 390.04	53 984.71		5 475 374.75
房屋及建筑物	1 107 655.40			1 107 655.40
机器设备	2 148 908.01			2 148 908.01
运输工具	1 772 650.61	53 984.71		1 826 635.32
其他	392 176.02			392 176.02
二、累计折旧合计	2 445 278.17	551 323.92		2 996 602.09
房屋及建筑物	710 282.70	41 537.00		751 819.70
机器设备	1 028 769.11	160 448.72		1 189 217.83
运输工具	501 476.01	259 419.44		760 895.45
其他	204 750.35	89 918.76		294 669.11
三、固定资产减值准备累计金额合计				
房屋及建筑物				
机器设备				
运输工具				
其他				

续表

项目	2015年1月1日	本期增加额	本期减少额	2015年10月31日
四、固定资产账面价值合计	2 976 111.87	53 984.71	551 323.92	2 478 772.66
房屋及建筑物	397 372.70		41 537.00	355 835.70
机器设备	1 120 138.90		160 448.72	959 690.18
运输工具	1 271 174.60	53 984.71	259 419.44	1 065 739.87
其他	187 425.67		89 918.76	97 506.91

（续）

项目	2014年1月1日	本期增加额	本期减少额	2013年12月31日
一、原价合计	4 963 036.38	458 353.66		5 421 390.04
房屋及建筑物	1 107 655.40			1 107 655.40
机器设备	1 772 839.65	376 068.36		2 148 908.01
运输工具	1 772 650.61			1 772 650.61
其他	309 890.72	82 285.30		392 176.02
二、累计折旧合计	1 841 013.82	604 264.35		2 445 278.17
房屋及建筑物	660 438.30	49 844.40		710 282.70
机器设备	870 076.80	158 692.31		1 028 769.11
运输工具	192 116.13	309 359.88		501 476.01
其他	118 382.59	86 367.76		204 750.35
三、固定资产减值准备累计金额合计				
房屋及建筑物				
机器设备				
运输工具				
其他				
四、固定资产账面价值合计	3 122 022.56	458 353.66	604 264.35	2 976 111.87

续表

项目	2014年1月1日	本期增加额	本期减少额	2013年12月31日
房屋及建筑物	447 217.10		49 844.40	397 372.70
机器设备	902 762.85	376 068.36	158 692.31	1 120 138.90
运输工具	1 580 534.48		309 359.88	1 271 174.60
其他	191 508.13	82 285.30	86 367.76	187 425.67

（续）

项目	2013年1月1日	本期增加额	本期减少额	2012年12月31日
一、原价合计	3 114 773.63	1 848 262.75		4 963 036.38
房屋及建筑物	1 107 655.40			1 107 655.40
机器设备	1 482 241.35	290 598.30		1 772 839.65
运输工具	372 807.49	1 399 843.12		1 772 650.61
其他	152 069.39	157 821.33		309 890.72
二、累计折旧合计	1 497 627.87	343 385.95		1 841 013.82
房屋及建筑物	610 593.90	49 844.40		660 438.30
机器设备	737 538.09	132 538.71		870 076.80
运输工具	71 735.10	120 381.03		192 116.13
其他	77 760.78	40 621.81		118 382.59
三、固定资产减值准备累计金额合计				
房屋及建筑物				
机器设备				
运输工具				
其他				
四、固定资产账面价值合计	1 617 145.76	1 848 262.75	343 385.95	3 122 022.56
房屋及建筑物	497 061.50		49 844.40	447 217.10
机器设备	744 703.26	290 598.30	132 538.71	902 762.85
运输工具	301 072.39	1 399 843.12	120 381.03	1 580 534.48
其他	74 308.61	157 821.33	40 621.81	191 508.13

(六) 应付账款

1. 应付账款按账龄列示如下表所示。

项目	2015年10月31日		2014年12月31日		2013年12月31日	
	金额	比例（%）	金额	比例（%）	金额	比例（%）
1年以内	2 684 420.01	100.00%	3 436 134.41	100.00%	1 120 568.24	100.00%
1至2年						
2至3年						
3年以上						
合计	2 684 420.01	100.00%	3 436 134.41	100.00%	1 120 568.24	100.00%

2. 应付账款2015年10月31日余额前五名的客户列示如下表所示。

单位(人)名称	与本公司关系	欠款金额	欠款年限	占应付账款总额的比例
×××××纺织有限公司	购销关系	1 004 000.00	1年以内	37.40%
×××××钢管有限公司	购销关系	828 840.25	1年以内	30.88%
×××××工贸有限公司	购销关系	351 579.76	1年以内	13.10%
×××××仪器有限公司	购销关系	158 700.00	1年以内	5.91%
×××××配件厂	购销关系	125 710.70	1年以内	4.68%
合计		2 468 830.71		91.97%

3. 应付账款2014年12月31日余额前五名的客户列示如下表所示。

单位(人)名称	与本公司关系	欠款金额	欠款年限	占应付账款总额的比例
×××××商贸有限公司	购销关系	1 278 100.00	1年以内	37.20%
×××××金属制品厂	购销关系	715 000.00	1年以内	20.81%
×××××塑料厂	购销关系	676 000.00	1年以内	19.67%
×××××有限公司	购销关系	333 911.30	1年以内	9.72%
×××××钢管有限公司	购销关系	232 300.50	1年以内	6.76%
合计		3 235 311.80		94.16%

4. 应付账款 2013 年 12 月 31 日余额前五名的客户列示如下表所示。

单位（人）名称	与本公司关系	欠款金额	欠款年限	占应付账款总额的比例
×××× 有限公司	购销关系	453 148.49	1 年以内	40.44%
×××× 有限公司	购销关系	313 571.60	1 年以内	27.98%
×××× 有限公司	购销关系	111 992.30	1 年以内	9.99%
×××× 有限公司	购销关系	71 855.85	1 年以内	6.41%
×××× 有限公司	购销关系	61 239.60	1 年以内	5.47%
合计		1 011 807.84		90.29%

（七）应付职工薪酬

项目	2015 年 10 月 31 日		2014 年 12 月 31 日		2013 年 12 月 31 日	
	金额	比例/%	金额	比例/%	金额	比例/%
工资	97 603.00	100%	39 556.00	100%		
合计	97 603.00	100%	39 556.00	100%		

（八）应交税费

税种	2015 年 9 月 30 日	2014 年 12 月 31 日	2013 年 12 月 31 日
增值税	−34 434.38	−2 935.11	−6 064.49
消费税			
城建税			
企业所得税	−15 756.43	−1 343.04	−2 774.98
房产税			
土地使用税			
个人所得税			
印花税			
教育费附加			
其他			
合计	−50 190.81	−4 278.15	−8 839.47

(九)其他应付款

1. 其他应付款按账龄列示如下表所示。

项目	2015年10月31日		2014年12月31日		2013年12月31日	
	金额	比例/%	金额	比例/%	金额	比例/%
1年以内	3 630 860.73	100%	2 964 646.16	100%	3 422 397.15	100.00%
1至2年						
2至3年						
3年以上						
合计	3 630 860.73	100%	2 964 646.16	100%	3 422 397.15	100.00%

2. 其他应付款2014年10月31日余额的客户列示如下表所示。

单位(人)名称	与本公司关系	欠款金额	欠款年限	占其他应付款总额的比例
×××	借款	2 600 000.00	1年以内	71.61%
×××	借款	1 000 000.00	1年以内	27.54%
×××	社保	30 860.73	1年以内	0.85%
合计		3 630 860.73		100.00%

(十)实收资本

股东名称	2015年10月31日	2014年12月31日	2013年12月31日
×××	199 500.00	199 500.00	199 500.00
×××	300 500.00	300 500.00	300 500.00
合计	500 000.00	500 000.00	500 000.00

(十一)未分配利润

项目	2015年10月31日	2014年12月31日	2013年12月31日
上年年末余额	1 060 333.50	435 426.82	269 738.40
加:年初未分配利润调整数			
其中:同一控制下企业合并产生的追溯调整			

续表

项目	2015年10月31日	2014年12月31日	2013年12月31日
会计政策变更			
前期差错更正			
其他			
本期年初余额	1 060 333.50	435 426.82	269 738.40
本期增加数	363 661.97	624 906.68	165 688.42
其中:本期归属于母公司股东的净利润			
其他增加			
本期减少数			
其中:本期提取盈余公积			
其他减少			
本期期末余额	1 423 995.47	1 060 333.50	435 426.82

（十二）营业收入和营业成本

营业收入明细如下表所示。

项目	2015年1～10月	2014年度	2013年度
主营业务收入	9 643 427.67	16 816 291.27	8 352 073.53
其中:内销收入	5 692 839.55	16 573 119.27	8 203 215.87
出口收入	3 950 588.12	243 172.00	148 857.66
营业收入合计	9 643 427.67	16 816 291.27	8 352 073.53

2. 营业成本明细如下表所示。

项目	2016年1～10月	2014年度	2013年度
主营业务成本	8 621 848.23	15 118 340.05	7 565 478.22
其中:内销成本	5 196 552.85	1 4912 851.23	7 435 506.28
出口成本	3 425 295.38	205 488.82	129 971.94
营业成本合计	8 621 848.23	15 118 340.05	7 565 478.22

主营业务按业务类别分项列示如下表所示(金额单位:元)。

产品或业务类别	2015年1~10月		2014年度		2013年度	
	主营业务收入	主营业务成本	主营业务收入	主营业务成本	主营业务收入	主营业务成本
织机	3 950 588.12	3 534 541.07	6 889 069.20	6 118 865.22	3 421 563.74	3 028 573.61
配件	3 215 222.57	2 818 484.09	5 606 732.49	5 132 666.73	2 784 671.20	2 500 748.26
钣金	2 477 616.98	2 268 823.07	4 320 489.58	3 866 808.10	2 145 838.59	2 036 156.35
合计	9 643 427.67	8 621 848.23	16 816 291.27	15 118 340.05	8 352 073.53	7 565 478.22

(十三)营业税金及附加

项目	2015年1~10月	2014年度	2013年度
城市建设税	9 404.99	24 323.94	
教育费附加	4 030.71	10 424.54	
地方教育费附加	2 687.23	6 949.68	
水利建设基金	1 343.57	3 474.84	
进口关税			
印花税			
土地使用税			
房产税			
合计	17 466.50	45 173.00	0.00

注:营业税金及附加2015年1~10月发生额较2014年度发生额减少27 706.50,降低61.33%;营业税金及附加2013年度发生额较2013年度发生额增加45 173.00元,2013年由于增值税留底金额较大,未缴纳增值税,因此,没有营业税及附加的计提。

(十四)销售费用

费用项目	2015年1~10月	2014年度	2013年度
业务招待费	6 162.00	27 980.48	12 154.00
折旧费	21 385.66	32 262.31	18 625.31
广告费		90 000.00	20 500.00

续表

费用项目	2015年1~10月	2014年度	2013年度
其他	2 003.90	52 713.84	3 510.69
合计	29 551.56	202 956.63	54 790.00

注：销售费用2014年1~10月发生额较2013年度发生额减少173 405.07元，降低85.44%；销售费用2013年度发生额较2012年度发生额增加148 166.63元，增长270.43%。2013营业收入比较大，相应的广告费用的投入比较高，因此，销售费用金额增长幅度比较大。

（十五）管理费用

费用项目	2015年1~10月	2014年度	2013年度
工资	126 888.38	201 871.72	266 771.90
业务招待费	20 914.00	31 135.98	53 142.37
差旅费	4 664.00	7 627.20	20 628.48
税金	5 096.31	7 949.30	10 831.80
电话费	3 912.30	4 805.78	12 270.83
修理费	4 840.00	7 076.54	9 861.14
折旧费	278 509.60	306 077.25	84 989.45
社保费	38 524.42	44 621.32	51 632.44
合计	483 349.01	611 165.09	510 128.41

注：管理费用2015年1~10月发生额较2014年度发生额减少127 816.08元，降低20.91%；管理费用2014年度发生额较2013年度发生额增加101 036.68元，增长19.81%。

（十六）财务费用

项目	2015年1~10月	2014年度	2013年度
利息支出			
减：利息收入	1 642.67	1 553.11	1 257.71
汇兑损失			
减：汇兑收益			
手续费支出	7 972.41	7 000.70	1 631.71

续表

项目	2015年1～10月	2014年度	2013年度
其他			
合计	6 329.74	5 447.59	374.00

注：财务费用2015年1～10月发生额较2014年度发生额增加882.15元，增加16.19%；财务费用2014年度发生额较2013年度发生额增加5 073.59元，增加1 356.57%。

（十七）营业外支出

项目	2015年1～10月	2014年度	2013年度
非流动资产处置损失合计			
政府补贴专款支出			
债务重组损失			
其他			385.01
合计			385.01

（十八）所得税费用

项目	2015年1～10月	2014年度	2013年度
本期所得税费用	121 220.66	208 302.23	55 229.47
递延所得税费用			
合计	121 220.66	208 302.23	55 229.47

（十九）现金流量表附注

1. 现金流量表补充资料

项目	2015年1～10月	2014年度	2013年度
1. 将净利润调节为经营活动现金流量			
净利润	363 661.97	624 906.68	165 688.42
加：资产减值准备			
固定资产折旧、油气资产折耗、生产性生物资产折旧	551 323.92	604 265.35	343 385.95
无形资产摊销			
长期待摊费用摊销			

续表

项目	2015年1~10月	2014年度	2013年度
处置固定资产、无形资产和其他长期资产的损失(收益以"-"号填列)			
固定资产报废损失(收益以"-"号填列)			
公允价值变动损失(收益以"-"号填列)			
财务费用(收益以"-"号填列)			
投资损失(收益以"-"号填列)			
递延所得税资产减少(增加以"-"号填列)			
递延所得税负债增加(减少以"-"号填列)			
存货的减少(增加以"-"号填列)	626 723.47	-1 461 200.13	6 909.08
经营性应收项目的减少(增加以"-"号填列)	-943 218.63	-1 334 142.07	95 929.46
经营性应付项目的增加(减少以"-"号填列)	-612 853.46	2 182 871.27	1 200 800.27
其他			
经营活动产生的现金流量净额	-14 362.73	616 701.10	1 812 713.18
2. 不涉及现金收支的重大投资和筹资活动			
债务转为资本			
一年内到期的可转换公司债券			
融资租入固定资产			
3. 现金及现金等价物净变动情况			
现金的期末余额	296 836.51	365 183.95	206 836.51

续表

项目	2015年1~10月	2014年度	2013年度
减:现金的年初余额	365 183.95	206 836.51	242 386.08
加:现金等价物的期末余额			
减:现金等价物的年初余额			
现金及现金等价物净增加额	-68 347.44	158 347.44	-35 549.57

2. 现金及现金等价物

项目	2015年1~10月	2014年度	2013年度
一、现金	296 836.51	365 183.95	206 836.51
其中:库存现金	4 208.83	3 783.55	5 424.93
可随时用于支付的银行存款	292 627.68	361 400.40	201 411.58
可随时用于支付的其他货币资金			
可用于支付的存放中央银行款项			
存放同业款项			
拆放同业款项			
二、现金等价物			
其中:三个月内到期的债券投资			
三、年末现金及现金等价物余额	296 836.51	365 183.95	206 836.51
其中:母公司或集团内子公司使用受限制的现金和现金等价物			

1. 现金流量表补充资料

项目	2015年1~10月	2014年度	2013年度
1.将净利润调节为经营活动现金流量			
净利润	363 661.97	624 906.68	165 688.42
加:资产减值准备			
固定资产折旧、油气资产折耗、生产性生物资产折旧	551 323.92	604 265.35	343 385.95

续表

项目	2015年1~10月	2014年度	2013年度
无形资产摊销			
长期待摊费用摊销			
处置固定资产、无形资产和其他长期资产的损失(收益以"-"号填列)			
固定资产报废损失(收益以"-"号填列)			
公允价值变动损失(收益以"-"号填列)			
财务费用(收益以"-"号填列)			
投资损失(收益以"-"号填列)			
递延所得税资产减少(增加以"-"号填列)			
递延所得税负债增加(减少以"-"号填列)			
存货的减少(增加以"-"号填列)	626 723.47	-1 461 200.13	6 909.08
经营性应收项目的减少(增加以"-"号填列)	-943 218.63	-1 334 142.07	95 929.46
经营性应付项目的增加(减少以"-"号填列)	-612 853.46	2 182 871.27	1 200 800.27
其他			
经营活动产生的现金流量净额	-14 362.73	616 701.10	1 812 713.18
2.不涉及现金收支的重大投资和筹资活动			
债务转为资本			
一年内到期的可转换公司债券			
融资租入固定资产			
3.现金及现金等价物净变动情况			
现金的期末余额	296 836.51	365 183.95	206 836.51

续表

项目	2015年1～10月	2014年度	2013年度
减：现金的年初余额	365 183.95	206 836.51	242 386.08
加：现金等价物的期末余额			
减：现金等价物的年初余额			
现金及现金等价物净增加额	－68 347.44	158 347.44	－35 549.57

2. 现金及现金等价物

项目	2015年1～10月	2014年度	2013年度
一、现金	296 836.51	365 183.95	206 836.51
其中：库存现金	4 208.83	3 783.55	5 424.93
可随时用于支付的银行存款	292 627.68	361 400.40	201 411.58
可随时用于支付的其他货币资金			
可用于支付的存放中央银行款项			
存放同业款项			
拆放同业款项			
二、现金等价物			
其中：三个月内到期的债券投资			
三、年末现金及现金等价物余额	296 836.51	365 183.95	206 836.51
其中：母公司或集团内子公司使用受限制的现金和现金等价物			

八、关联方及其交易

（一）关联方认定标准

会计师事务所对上市公司的关联方进行审计之后，在审计报告附注中将公司同一控制下的关联方、不存在控制关系的关联方等相关信息予以描述。

例如：

根据《企业会计准则第36号——关联方披露》，一方控制、共同控制另一方或对另一方施加重大影响,以及两方或两方以上同受一方控制、共同控制或重大影响的,构成关联方。

1. 同一控制下的关联方

(1) 公司的控股股东及实际控制人。

截至本报告出具之日,×××持有本公司×××万股权,占公司注册资本的××%,为公司控股股东及实际控制人。

(2) 公司的控股子公司。

截至本报告出具之日,公司无控股子公司及分公司。

(3) 实际控制人控制的其他企业。

截至本报告出具之日,本公司实际控制人除投资本公司外,无对外投资。

2. 不存在控制关系的关联方

(1) 其他持有本公司5%以上股份的主要股东。

截至本报告出具之日,×××××公司×××万股占公司注册资本的39.90%,为其他持有本公司5%以上的股东。

(2) 本公司参股的公司。

截至本报告出具之日,公司无参股子公司及分公司。

(3) 其他自然人关联方。

① 直接或间接持有本公司××%以上股份的自然人。

除×××以外,×××持有本公司×××万股权,占公司注册资本的××%,为其他持有本公司5%以上的股东。

② 公司的董事、监事、高级管理人员及其控制的企业。

截至本报告出具之日,公司董事、监事、高级管理人员无控制的企业。

(二) 关联交易情况

关联方交易的相关情况通常也会在审计报告附注中予以说明。

例如:

1. 关联方往来款项情况

截至本报告出具之日,本公司关联方无其他资金往来款。

2. 本公司接受关联方担保的情况

截至本报告出具之日,本公司不存在由关联方提供担保的情况。

3. 本公司为关联方提供担保的情况

截至本报告出具之日,本公司不存在为关联方提供担保的情况。

4. 本公司与关联方的关联租赁情况

截至本报告出具之日,本公司不存在关联方的关联租赁情况。

九、或有事项

会计师事务所在审计报告书如实记录公司或有事项,其中一般会包含:未决诉讼或仲裁、对外提供担保等事项,如果没有此类事项,则记录"无"。

(一)未决诉讼或仲裁

无。

(二)对外提供担保

无。

(三)其他

无。

十、承诺事项

会计师事务所在审计报告书如实记录公司承诺事项,如果没有此类事项,则记录"无"。

无。

十一、资产负债表日后事项

会计师事务所在审计报告书如实记录公司资产负债表日后事项,如果没有此类事项,则记录"无"。

无。

十二、其他重要事项

会计师事务所在审计报告书如实记录公司其他重要事项,其中一般包含:非货币性资产交换、债务重组、租赁、金融工具、资产置换、转让及出售行为的说明等事项,如果没有此类事项,则记录"无"。

(一)非货币性资产交换

无。

(二)债务重组

无。

(三)租赁

无。

(四)金融工具

无。

(五)资产置换、转让及其出售行为的说明

无。

(六)其他事项

无。

十三、财务报表的批准

对于公司财务报表的批准情况,审计报告批注中通常也会予以审计并记录。

本财务报表业经本公司股东会决议批准。

5.4 会计师事务所对文件承诺与函件

5.4.1 会计师事务所对文件的承诺

承诺书是由受托会计师事务所向递交材料的股权交易中心出具,旨在承诺其出具审计报告的真实性、准确性、完整性;并对审计报告承诺承担相应的法律责任。

承诺书一般会有该会计师事务所的注册会计师签章并加盖

会计师事务所公章。

1. 会计师事务所对文件的承诺

> **承诺书**
>
> ×××股权交易中心：
>
>   本所及签字注册会计师已经对作为申请文件的审计报告进行了审阅，承诺在审计报告中不存在虚假记载、误导性陈述及重大遗漏，并对其真实性、准确性和完整性承担相应法律责任。
>
>   特此承诺。
>
> 签字注册会计师签名：
> ×××会计师事务所有限公司
> ××××年××月××日

5.4.2 对纳入挂牌交易说明书审计报告函件

函件通常是由会计师事务所确认挂牌说明书中引用的涉及会计审计报告中的相关内容其真实性、准确性及完整性；并对其挂牌说明书中所引用的审计信息承担相应的法律责任。

函件一般也会有该会计师事务所的注册会计师签章并加盖会计师事务所公章。

> **无异议函**
>
>   本所及签字注册会计师保证由本所同意×××××投资有限公司在挂牌说明书中引用的审计报告的内容已经本所审阅，确认挂牌说明书不致因上述内容出现虚假记载、误导性陈述及重大遗漏引致的法律风险，并对其真实性、准确性和完整性承担相应的法律责任。
>
> 签字注册会计师签名：
> ×××会计师事务所有限公司
> ××××年××月××日

第6章

区域板挂牌辅导上市律师事务所实务

6.1 企业选择律师事务所的角度及其承担工作

6.1.1 律师事务所选择的角度

对于中介机构中律师事务所如何选择,企业可以从以下几个角度考虑。

(1)机制稳定性

建议选择合伙人、律师、助理团队统一协调、优势互补形式的律师事务所,而不选择合伙人各自为政的律师事务所;选择近一段时间人员相对稳定的专业律师事务所,而不应该只关注律师事务所的规模。

(2)沟通协调能力

考察律师事务所与证监会等主管机构的关系,沟通渠道是否畅通。

(3)项目团队

不仅考察律师机构的规模、人员构成、以往该律师事务所参与企业改制上市的经验、水平经验等；更应该重点考察律师事务所在公司项目中投入的人员数量、资深律师的配备情况以及其他支持性资源的投入程度。

(4)经验

不仅考察律师事务所改制上市项目的运作经验，更应该关注律师事务所能够派驻公司项目的经办律师的执业经验。

(5)主办律师和参与律师的经验、水平、责任心等因素

① 是否参与过改制及上市项目；

② 在参与过的项目中是否担任过项目负责人；

③ 牵头的项目负责人（最好是合伙人）能否现场办公；

④ 参与项目的律师是否熟悉证券市场，是否具有证券市场实际操作的经验；

⑤ 是否对改制上市有一定的认识，如果多年从事诉讼等非公司改制、上市业务，则无法对改制有切身体会，更无法对改制上市提供有意义的法律咨询。

因此，在选择律师事务所时，应该关注该所在公司改制上市业务的经验，以及公司项目的参与律师在公司改制上市业务方面的经验。

6.1.2 律师事务所的主要工作

律师事务所对企业上市需要完成的主要工作如下：

① 对改制重组方案的合法性进行论证；

② 指导股份公司的设立或变更；

③ 对企业发行上市涉及的法律事项进行审查并协助企业规

范、调整和完善；

④ 对发行主体的历史沿革、股权结构、资产、组织机构运作、独立性、税务等公司全面的法律事项的合法性进行判断；

⑤ 股票发行上市的各种法律文件的合法性进行判断；

⑥ 协助和指导发行人起草公司章程等公司法律文件；

⑦ 出具法律意见书；

⑧ 出具律师工作报告；

⑨ 对有关申请文件提供鉴证意见。

本章节将针对律师事务所对企业挂牌上市所需要完成的一系列相关文件，以青岛某家上市企业为实例，做逐一解析并详细列举每一项文书的完成。

6.2 进行法律调查出具法律意见书

6.2.1 法律意见书封面、目录、释义、扉页、引言

（1）封面

《法律意见书》的封面没有固定格式，封面的内容中一般包含"法律意见书"字样及出具《法律意见书》的律师事务所名称；拟挂牌公司的名称；接收申请材料的股权交易中心全称。将"法律意见书"字样放置在封面的显著位置。为拟上市公司出具的法律意见书都属于"非诉项目"，故在封面中注明法律意见书的编号时，需包含"非诉项目"字样。最后，注明该意见书的完成时间。

为了使读者更好地理解《法律意见书》封面的编写，编者特提供一份《法律意见书》封面的样板，供读者参考。

×××律师事务所

关于××××有限公司申请

股权进入×××股权交易中心挂牌交易的

法律意见书

[20××]鲁×××非诉项目字第××号

地址：××市××区××路××号××室

××××年××月××日

（2）目录

《法律意见书》中会包含一份目录，目录中列明拟上市企业所属股权交易所要求提供的《法律意见书》有关文件名称。《法律意见》书中通常大致包含的文件有：拟挂牌企业挂牌的批准和授权文件；拟上市企业主体资格情况介绍；企业的基本情况；挂牌说明书的法律风险评估；挂牌交易的有关机构及最终法律事务所对企业挂牌的法律意见。其中某一内容如果涉及的事项比较多可以在该内容中分别列出并逐条讲解。

读者可以参看以下目录为例：

目 录

引言 ··· 5
声明事项 ··· 6
一、申请人本次挂牌的批准和授权 ······························ 7
  （一）申请人股东已依法定程序批准本次挂牌事宜 ·· 7
  （二）申请人挂牌的股东决定合法有效 ····················· 8
二、申请人本次挂牌的主体资格 ·································· 8
  （一）申请人系依法设立且合法存续的有限责任公司
  ·· 8
  （二）申请人合法有效存续已满 12 个月 ················· 8
  （三）申请人已足额缴纳注册资本 ··························· 9
  （四）申请人股权清晰且无股权纠纷 ······················· 9
三、申请人本次挂牌的基本条件 ································· 9
  （一）申请人历次变更符合法律规定 ······················· 9
  （二）申请人公司治理结构健全 ····························· 12
  （三）申请人企业内部管理制度完善 ····················· 14
  （四）申请人资产不存在重大权属纠纷 ················· 15
  （五）申请人历史关联交易不损害公司利益 ········· 15
  （六）申请人与关联公司不存在同业竞争 ············· 17
  （七）申请人业务、资产、人员、机构、财务均保持独立
  性 ··· 17
  （八）申请人未遭遇诉讼、仲裁或行政处罚 ········· 20
  （九）申请人具备持续经营能力 ····························· 21
四、申请人挂牌说明书法律风险的评价 ······················ 21
五、本次挂牌交易的有关机构 ····································· 22
六、本次挂牌的总体结论性意见 ································· 23

（3）释义

标注释义的目的是使在《法律意见书》中出现的固定的、基本的称谓或者名称对应股票交易中心对《法律意见书》书面表达的要求，同时，也使意见书中涉及的相关信息能够更专业、简洁、明了地呈现给评审人员。例如：拟上市企业在《法律意见书》中通常以"申请人""本公司"或者"公司"出现，在释义中则可以列明"申请人""本公司"或者"公司"是指拟上市公司的名称；"（控股）股东""董事""监事"在《法律意见书》中只体现称谓，并不体现具体的名字，在释义中即可以标明此类情况。

释 义

本《法律意见书》中，除非文义另有所指，下列简称具有如下特定意义。

申请人、本公司、公司	指	×××××有限公司
（控股）股东	指	×××、×××
执行董事	指	×××
监事	指	×××
交易中心	指	×××股权交易中心有限公司
《公司法》	指	《中华人民共和国公司法》
《证券法》	指	《中华人民共和国证券法》
《挂牌规则》	指	《×××股权交易中心挂牌业务规则（试行）》
《公司章程》	指	《×××××有限公司章程》
《法律意见书》	指	《关于×××××有限公司申请股权进入×××股权交易中心挂牌交易的法律意见书》
推荐机构	指	×××××投资有限公司
本所	指	×××律师事务所
验资机构、审计机构	指	×××会计师事务所
元、万元	指	人民币元、人民币万元

（4）法律意见书扉页

《法律意见书扉页》是律师事务所致拟挂牌企业的说明，内容中明确拟上市公司关于该企业的《法律意见书》的委托请求，同时，对企业表明律师事务所将参照相关法律、法规出具该法律意见书之结论。

其次，在此扉页中一般也需要列明律师事务所名称、拟上市企业名称及该企业股权进入申请股权交易中心的名称以及该法律意见书的编号等信息。

举例如下图：

×××律师事务所

关于×××××有限公司申请

股权进入×××股权交易中心挂牌交易的法律意见书

【××××】×××非诉项目字第××号

致：×××××有限公司

×××律师事务所受×××××有限公司（以下简称"公司"）委托，作为公司在×××股权交易中心股权挂牌交易工作特聘专项法律顾问。现根据《中华人民共和国法》等法律、行政法规、规章、规范性文件及×××股权交易中心的有关规定，参照《律师事务所从事证券法律业务管理办法》《律师事务所证券法律业务执业规则（试行）》，按照律师行业公认的业务标准、道德规范和勤勉尽责精神，出具本意见。

×××律师事务所

××××年××月××日

（5）法律意见书引言

引言的内容一般包含两部分内容：为承办该法律意见书的律师事务所，以及本次意见书主要负责律师的简介。应当注意的是,简介中会附带该律师事务所的执业许可证号及主要负责律师的执业证号。但绝对不能有律师事务所宣传色彩的文字。

读者可参看下图列举引言格式。

引言

律师事务所及承办律师简介

一、律师事务所简介

×××律师事务所,成立于××××年××月,律师团队主要由我国重点高校毕业的博士、硕士等高学历人士构成,律所业务集中于公司诉讼法律服务、非诉讼法律服务、法律尽职调查、法律风险管理、法律咨询服务等,律所以"诚信、专注、合作、共赢"为服务理念,致力于为公司提供综合性法律服务。

×××律师事务所执业许可证号:××××××××××××××

二、承办律师简介

1. ×××,会计学博士,法学博士后,×××律师事务所主任律师,律师业务专注于投融资管理、风险管理领域。

×××律师执业证号:××××××××××××××

2. ×××,法学学士,×××律师事务所专职律师,律师业务专注于公司诉讼与非诉讼法律业务。

×××律师执业证号:××××××××××××××

---

(6)法律意见书声明

在律师事务所出具的拟上市企业的法律意见书中会附带一份法律声明,声明中涵盖律师事务所应当履行的职责和义务,并承诺此法律意见书将严格以相关政策、法律、法规为依据,对拟上市企业的有关文件和有关事实进行核查和验证。同时,拟上市企业承诺所提供与法律意见书所需的材料和信息真实准确。

声明事项

为出具本法律意见书,本所律师声明如下:

一、本所律师依照相关法律、法规和规范性文件的要求,按照律师行业公认的业务标准、道德规范和勤勉尽责精神,对申请人提供的有关文件和有关事实进行了核查和验证,并根据本法律意见书出具日以前已经发生或存在的事实及我国现行法律、法规、规章和青岛蓝海股权交易中心的有关规定发表法律意见。

二、本所律师承诺已严格履行法定职责,遵循了勤勉尽责和诚实信用原则,对申请人的行为以及本次申请的合法性、合规性、真实性、有效性进行了充分的核查验证,保证本法律意见书不存在虚假记载、误导性陈述及重大遗漏。

三、本所律师同意将本法律意见书作为申请人申请股权在×××股权交易中心挂牌所必备的法律文件,随其他申报材料一同上报,并愿意承担相应的法律责任。

四、本所律师同意申请人部分或者全部自行引用或者按×××股权交易中心的审核要求引用本法律意见书,但申请人作上述引用时,不得因引用而导致法律上的歧义或者曲解。

五、申请人保证已经提供了本所律师认为出具本法律意见书所必需的全部资料和信息,并保证所提供资料真实准确,无虚假记载、误导性陈述或重大遗漏,有关材料上的所有签字和/或印章真实,有关复印件、副本与原件、正本一致。

六、对于本法律意见书至关重要而又无法得到独立证据支持的事实,本所律师依赖于有关政府部门、申请人或者其他有关单位出具的证明文件出具法律意见。

七、在本法律意见书中，本所仅对本次挂牌涉及的法律问题发表法律意见，并不对有关会计、审计等专业事项发表意见。本所在本法律意见书中若对有关会计报表、审计报告中某些数据和结论予以引述，并不意味着本所对这些数据、结论的真实性和准确性做出任何明示或默示的保证，对于这些文件的内容本所并不具备核查和做出评价的适当资格。

八、本法律意见书仅供申请人为本次挂牌之目的使用，不用作任何其他目的。

6.2.2 法律意见书正文

（1）申请人的批准与授权

在此部分内容中详细描述、记录拟上市企业对挂牌上市决定的整体经过。包含对于企业上市决议而召开股东大会的经过，以及会议最终的决议。同时，也会列明为企业上市工作而授权出具报告的会计师事务所、律师事务所及推荐机构。

最后，总结拟上市企业的挂牌的批准是否符合法规要求，企业的股东决议是否合法有效。

一、申请人本次挂牌的批准和授权

（一）申请人股东已依法定程序批准本次挂牌事宜

1. 申请人于××××年××月××日在（地点）做出股东会决议，做出该决议的为股东×××、×××，占有公司总出资额的100%。该股东会决议同意×××××有限公司申请公司股权在×××股权交易中心挂牌。该股东会决议以书面形式做出，经股东签字后置备于公司。

××××年××月××日，由申请人就公司在×××股权交易中心进行挂牌交易及股权登记托管的事项，做出执行董事决议，决议如下：

（1）根据×××股权交易中心制定的《×××股权交易中心挂牌业务规则（试行）》《×××股权交易中心登记结算业务规则（试行）》，同意本公司在×××股权交易中心申请挂牌交易及股权登记托管业务；

（2）公司挂牌交易、股权登记事项须经股东会讨论通过，形成股东会决议后予以实施；

（3）公司及全体董事、监事、高管人员承诺严格遵守×××股权交易中心的相关规则，接受有关职能部门的监管；

（4）同意由×××股权交易中心按照挂牌业务、登记结算业务规则承担本公司股权和股东的相关管理事项；

（5）公司法定代表人和其他相关责任人严格遵守本决议，明确对挂牌、登记业务中所报告信息的真实性、准确性、完整性负责，并承担相应的经济和法律责任；

（6）因公司责任给本公司股东或社会投资者造成经济损失的，公司法定代表人和其他相关责任人依法承担赔偿责任；

（7）上列各事项由办公室具体办理。

2.××××年××月××日，申请人临时股东会召开，审议通过了以下6项内容：

（1）聘请×××会计师事务作为公司股权在×××股权交易中心挂牌交易项目的审计机构；

（2）聘请×××律师事务所作为公司股权在×××股权交易中心挂牌交易项目法律服务机构；

（3）同意申请公司股权到×××股权交易中心进行挂牌交易；

（4）申请公司股权到×××股权交易中心登记托管；

（5）聘请×××××投资有限公司作为公司股权在×××股权交易中心挂牌项目的推荐机构；

（6）委托并授权公司×××代表公司到×××股权交易中心办理申请股权挂牌交易及股权登记托管等相关业务。

> 3. 经本所律师核查，上述会议的召集、召开及表决程序符合《公司法》等法律、法规、规范性文件以及公司章程的规定，相关决议内容合法、有效。
>
> 4. 经本所律师核查，公司临时股东会授权执行董事办理本次挂牌事宜的授权程序和范围合法、有效。
>
> 5. 申请人本次挂牌交易尚待获得×××股权交易中心的核准。
>
> （二）申请人挂牌的股东决定合法有效
>
> 本所律师认为：上述股东会决议的做出符合《公司法》的规定、符合公司章程的规定。申请人所做出的《关于申请公司股权在×××股权交易中心挂牌的股东决定》合法有效。

（2）申请人的主体资格认定

在描述挂牌企业的主体资格时，一般包含如下内容：

① 说明企业成立的相关信息，企业历经的变更是否依法、合规操作和执行的；

② 企业合法有效存续的时间，律师根据企业提供的信息，对此项内容有关法律意见的审核结果；

③ 根据审计师事务所出具的《验资报告》，对于企业注册资本缴纳情况进行的审验；

④ 审查企业股东股权情况，是否存在股权纠纷；股东所持股份情况是否符合相关法律的规定。

律师事务所对企业成立、股东股权的情况审查后，以《公司法》《证券法》《股权业务管理办法》《挂牌业务规则》等有关法律、法规及规范性文件为基础，做出企业是否符合递交股权交易中心对企业主体资格要求的审查结论。

> **二、申请人本次挂牌的主体资格**
>
> （一）申请人系依法设立且合法存续的有限责任公司
>
> 1. ×××××有限公司成立于××××年××月

××日,现持有×××工商行政管理局核发的注册号为××××××××××××××的《营业执照》,其设立程序符合相关法律、法规及规范性文件的规定。

2. 申请人设立后共进行××次变更。经本所律师核查,申请人的历次变更,公司依法召开了股东会会议或者做出股东决定,并做出相关决议或决定,均依法向×××工商局办理了变更登记。

(二)申请人合法有效存续已满××个月

根据×××××有限公司现持有的×××工商行政管理局于××××年××月××日核发的注册号为××××××××××××××的《营业执照》所载,公司成立日期为××××年××月××日。

经本所律师核查,截至本法律意见书出具之日,公司没有出现法律、法规及公司章程规定可能导致公司终止的情况;公司不存在营业期限届满、股东决议解散、因合并或分立而解散、不能清偿到期债务被宣告破产、违反法律法规依法被责令关闭等需要终止的情形。

基于上述,本所律师认为,×××××有限公司合法有效存续且已满××个月,符合《股权业务管理办法》第九条、《挂牌业务规则》第六条的规定。

(三)申请人已足额缴纳注册资本

××××年××月××日,×××审计师事务所出具××××××××××××××《验资报告》。经审验,截至××××年××月××日,××××××有限公司(筹)已收到股东缴纳的注册资本合计人民币×××万元,占注册资本100%。

(四)申请人股权清晰且无股权纠纷

经律师核查,××××年××月××日,股东×××以×××(货币或是实物方式)出资×××万元,占注册资本的×××%;股东×××以×××（货币或是实物方式）出资×××万元,实物出资×××万元,共出资×××万元,占注册资本的××%。本所律师认为,截至本法律意见书出具之日,申请人的股权清晰,控股股东和由控股股东持有的申请人股份不存在重大权属纠纷,符合《股权业务管理办法》第九条、《挂牌业务规则》第六条之规定。

据此,根据《公司法》《证券法》《股权业务管理办法》《挂牌业务规则》等有关法律、法规及规范性文件的有关规定和要求,本所律师认为,申请人为依法设立且有效存续的有限责任公司,具备在×××股权交易中心申请本次挂牌事宜的主体资格。

经律师核查,(描述拟挂牌企业的股权情况)

本所律师认为,截至本法律意见书出具之日,申请人的股权清晰,控股股东和由控股股东持有的申请人股份不存在重大权属纠纷,符合《股权业务管理办法》第九条、《挂牌业务规则》第六条之规定。

据此,根据《公司法》《证券法》《股权业务管理办法》《挂牌业务规则》等有关法律、法规及规范性文件的有关规定和要求,本所律师认为,申请人为依法设立且有效存续的有限责任公司,具备在×××股权交易中心申请本次挂牌事宜的主体资格。

(3) 申请人的基本条件

三、申请人本次挂牌的基本条件

经本所律师逐项核查,申请人符合在×××股权交易中心申请挂牌须具备的基本条件。

(一) 申请人设立与历次变更符合法律规定

1. 公司的设立

律师事务所在企业注册地工商行政管理机关调取企业注册

登记资料后,如实描述。例如:公司投资人、名称核准、验资报告、企业类型、经营范围、住所等信息。

例如:

××××有限公司由自然人×××、×××共同出资设立,设立时注册资本为×××万元,公司法定代表人为×××,公司住所为××市××区×××路××号。设立时经营范围:×××、×××、×××。

××××年××月××日,××市工商行政管理局下发《企业名称预先核准通知书》,核准企业名称为"××××有限公司"。

××××年××月××日,×××会计师事务所有限公司出具×××号《验资报告》,经审验,截至××××年××月××日,××××有限公司(筹)已收到股东×××、×××缴纳的注册资本合计人民币×××万元。

××××年××月××日,××××有限公司在××市工商行政管理局登记成立,领取注册号为××××××××××××××的《企业法人营业执照》,公司类型为有限责任公司(自然人投资或控股)。

××××有限公司成立时的股东出资情况如下表所示。

序号	股东姓名	出资方式	出资金额(万元)	出资比例(%)
1	×××	实物	20.70	41.40
2	×××	实物	12.85	39.90
		货币	7.10	
3	×××	实物	9.35	18.70
	合计		50	100

2. 公司的变更

会计师事务所在企业注册地工商行政管理机关调取企业变

更登记资料后,如实描述。例如:企业变更的决议、事项、时间等。依照时间顺序逐条逐项编写。编写时把握三个方面:第一,变更前的情况;第二,变更事项在企业内部履行了怎样的程序;第三,登记机关做出的决定,一般也就是变更后的情况。

例如:

> ××××年××月××日,×××××有限公司变更名称。
>
> 企业原名为×××××有限公司。根据××××年××月××日有限公司股东会决议、章程修正案,以及××××年××月××日取得××市工商行政管理局名称变更核准通知。变更为×××××有限公司。
>
> ××××年××月××日,××市工商行政管理局为×××××有限公司(原名称)换发了名称为×××××有限公司(变更后名称)的《企业法人营业执照》。
>
> 经本所律师核查,申请人的历次变更,公司依法召开了股东会会议或者做出股东决定,并做出相关决议或决定,××市工商行政管理局对变更登记依法核准。

(二)申请人公司治理结构健全

1. 公司法人治理结构建立健全情况

律师事务所审核公司法人治理结构健全情况,一般会审查并记录如下几个方面:在设立以来,是否建立并完善了《公司章程》,章程中是否规定了股东会、董事会或执行董事、监事会或监事、经理的职责及其是否按照照章程中的规定执行、支持公司的运营。

例如:

> 自×××××有限公司设立以来,逐步健全了公司治理结构,制定完善了《公司章程》,并在《公司章程》中对公司议事规则作出了详细规定,公司股东、执行董事、高级管理人员能够按照《公司法》和《公司章程》等有关规定规范有效地运作。

公司设立以来，股东严格按照《公司章程》中规定的股东权利行使职权，历次变更事项都召开股东会或者依法做出股东决定，决议相关事项。

(1) 股东会。

① 决定公司经营方针和投资计划；

② 选举和更换非由职工代表担任的董事、监事，决定有关董事、监事的报酬事项；

③ 审议批准执行董事的报告；

④ 审议批准监事会或监事的报告；

⑤ 审议批准公司的年度财务预算方案、决算方案；

⑥ 审议批准公司的利润分配方案和弥补亏损方案；

⑦ 对公司增加或者减少注册资本做出决议；

⑧ 对公司合并、分立、解散、清算或者变更公司形式做出决议；

⑨ 修改本公司章程；

⑩ 公司章程规定的其他职权。

对前款所列事项股东以书面形式一致表示同意的，可以不召开股东会会议，直接做出决定，并由全体股东在决定文件上签名、盖章。

(2) 执行董事。

① 召集股东会，并向股东会报告工作；

② 执行股东会的决议；

③ 决定公司的经营计划和投资方案；

④ 制订公司的年度财务预算方案、决算方案；

⑤ 制订公司的利润分配方案和弥补亏损方案；

⑥ 制订公司增加或者减少注册资本以及发行债券的方案；

⑦ 拟订公司合并、分立、解散及变更公司形式的方案；

⑧ 决定公司内部管理机构的设置；

⑨ 决定聘任或者解聘公司经理及其报酬事项，并根据经理的提名决定聘任或者解聘公司副总经理、财务负责人及其

报酬事项；

⑩ 制定公司的基本管理制度；

⑪ 公司章程规定的其他职权。

(3) 监事。

公司设监事××人，由股东会选举产生。监事对股东会负责，监事任期每届××年，任期届满，可连选连任。监事行使下列职权：

① 检查公司的财务；

② 对执行董事、高级管理人员执行公司职务的行为进行监督，对违反法律、行政法规、本章程或者股东会决议的董事、高级管理人员提出罢免的建议；

③ 当执行董事、高级管理人员的行为损害公司的利益时，要求执行董事、高级管理人员予以纠正；

④ 提议召开临时股东会，在执行董事不履行《公司法》规定的召集和主持股东会职责时召集和主持股东会；

⑤ 向股东会提出提案；

⑥ 依照《公司法》第一百五十二条的规定，对执行董事、高级管理人员提起诉讼；

⑦ 公司章程规定的其他职权。

(4) 经理。

① 主持公司的生产经营管理工作，组织实施执行董事决议；

② 组织实施公司年度经营计划和投资方案；

③ 拟订公司内部管理机构设置方案；

④ 拟订公司的基本管理制度；

⑤ 制定公司的具体规章；

⑥ 提请聘任或者解聘公司副总经理、财务负责人；

⑦ 聘任或者解聘除应由执行董事聘任或者解聘以外的负责管理人员；

2. 公司法人治理结构近两年规范运作情况

律师事务所审查近两年公司的运作情况,描述公司法人治理结构的现状,做出公司有无重大违规行为的结论。

> 公司已依法建立健全法人治理结构,公司成立以来,公司及其执行董事、监事和高级管理人员基本能够严格按照《公司章程》及相关法律、法规的规定开展经营,不存在重大违法违规行为。

3. 律师对公司法人治理结构的评价

通过对公司法人治理结构的审查,总结概括公司自成立至今其法人治理结构的情况,评价公司在法人治理结构方面是否符合相关法规的规定和要求。

> 公司成立后,依据《公司法》等法律、法规或规范性文件制定了较为完备的《公司章程》和议事规则,完善了公司的各项决策制度,建立了公司的档案管理制度。公司按照《公司法》的规定选举执行董事和监事,在公司治理和规范意识方面加强对执行董事、监事及高级管理人员的培训,充分发挥监事的作用,督促股东、执行董事和高级管理人员严格按照《公司法》《公司章程》等相关规定各尽其职,履行勤勉忠诚义务。
>
> 本所律师认为,申请人公司治理结构完整。自申请人成立以来,董事、监事、高级管理人员在选举、聘用、人员任职资格上均符合《公司法》的相关要求,符合《公司法》及公司章程的规定程序,不存在违反法律法规的情形。

(三)申请人企业内部管理制度完善

律师事务所审查并记录公司自成立以来陆续建立起来的规章制度,列举出规章制度的名称。审查各项规章制度履行的情况,并各项制度的履行及实施效果做出评价总结。

> 为规范公司管理，申请人自××××年正式开业运营以来，先后共制定了各项规章制度，并在经营管理活动中一一贯彻实施。规章制度的范围包括员工录用、员工辞退、考勤管理、值班各领域。通过《公司制度汇编》，申请人加强了对员工的管理，增加了员工的团队合作意识及归属感，提升了员工的工作积极性。
>
> 在调查期间，本所律师一一查阅了申请人所制定的各项规章制度，并询问了公司员工关于规章制度的实施情况。
>
> 本所律师认为，申请人的内部管理制度健全完善且实施良好。

（四）申请人资产不存在重大权属纠纷

拟挂牌企业正常经营所需要的固定资产是允许存在权属纠纷及潜在纠纷，律师事务所将对此做相应的审查并给出结论。

本书编写时，模拟叙述如下。

> 经律师核查落实，公司固定资产主要为经营所需厂房、生产设备、办公设施及车辆等。申请人对上述资产拥有完全的所有权或合法的使用权，权属清晰，不存在权属纠纷或者潜在纠纷。

（五）申请人关联方及关联交易

1. 关联方

有关企业关联方信息审查，律师事务所将核实企业控股股东及实际控制人；审查公司控股、参股子公司的情况；除控股股东及实际控制人之外，持有公司股份的股东情况；公司控股股东、实际控制人是否在拟上市公司之外，仍然对其他企业或者其他形式的投资及投资情况；公司参股其他企业的情况；列示公司董事、监事、高级管理人员任职情况及其持有公司股份的情况；自然人关联方投资公司的情况。

例如：

经公司有关人员的陈述,并经本所律师合理查验,截至本法律意见书出具之日,公司的主要关联方包括:

(1) 公司的控股股东及实际控制人。

×××持有本公司×××万股权,占公司注册资本的××%,为公司控股股东及实际控制人。经推荐机构及律师核查,认定×××为公司的实际控制人。

(2) 公司的控股子公司。

截至本法律意见书出具之日,公司无控股子公司。

(3) 其他持有×××××公司5%以上股份的主要股东。

×××持有本公司×××万股权,占公司注册资本的39.9%,为其他持有本公司××%以上的股东。

(4) 公司控股股东、实际控制人控制或参股的其他企业。

截至本法律意见书出具之日,本公司公司控股股东、实际控制人除投资本公司外,无对外投资。

(5) 公司参股的企业。

截至本法律意见书出具之日,公司无参股子公司及分公司。

(6) 公司董事、监事、高级管理人员。

序号	姓名	任职情况
1	×××	执行董事、总经理
2	×××	监事
3	×××	财务负责人

董事、监事、高级管理人员持有公司股份的情况如下表所示。

序号	姓名	任职情况	出资额(万元)	出资比例(%)
1	×××	执行董事、总经理	×××	×××
2	×××	监事	×××	×××
合计			×××	×××

(7) 自然人关联方投资的公司。

除已披露公司外,无其他自然人关联方投资的公司。

2. 关联交易

律师事务所对公司关联方交易情况审查,如有关联方交易,则在法律意见书中一一列举;如果没有,做出无关联方交易的相应审查结论。

例如:

> 截至本法律意见书出具日,×××××有限公司与关联方无关联交易。

3. 关于规范关联交易的承诺情况

律师事务所审查企业股东、实际控制人及公司执行董事、监事、高级管理人员是否签署了《规范关联交易承诺函》。承诺函中一般包含相关人员承诺"不得利用其与公司的关系,影响公司在资产、人员、财务的独立性;相关人员除披露的情况外不存在其他重大关联交易,并承诺在出现关联交易时将按公平、公开的市场原则进行,并履行法律、法规、规范性文件和该企业《公司章程》规定的程序。"

例如:

> ×××××有限公司的控股股东、实际控制人及公司执行董事、监事、高级管理人员分别签署了《规范关联交易承诺函》,承诺如下:
>
> 本人与×××××有限公司存在关联关系,根据国家有关法律、法规的规定,为了维护公司及其他股东的合法权益,本人做出如下郑重承诺:
>
> 本人将不利用与×××××有限公司的特殊关系和身份,影响×××××有限公司的独立性,并将保持×××××有限公司在资产、人员、财务、业务和机构等方面的独立性。
>
> 截至本承诺函出具之日,除已经披露的情形外,本人控制的企业与×××××有限公司不存在其他重大关联交易。

> 在不与法律、法规相抵触的前提下，在权利所及范围内，本人将促使本人控制的企业与×××××有限公司进行关联交易时将按公平、公开的市场原则进行，并履行法律、法规、规范性文件和×××××有限公司《公司章程》规定的程序。
>
> 本人将促使本人所控制的企业不通过与×××××有限公司之间的关联交易谋求特殊的利益，不会进行有损×××××有限公司及其股东利益的关联交易。
>
> 基于上述并经核查，本所律师认为，申请人与关联方未发生其他关联交易，控股股东出具不占用公司资产的承诺，在其遵守承诺的前提下，不存在损害申请人利益的情况。

（六）申请人与关联公司同业竞争

律师在此项内容中，一般会对如下事项逐一审查并记录审查结果。第一，公司与控股股东、实际控制人及其控制的其他企业是否存在同业竞争的情况；第二，公司控股股东、实际控制人是否签署《避免和消除同业竞争的承诺函》，如有签署，列示承诺函中的主要内容。

> 1. 公司与控股股东、实际控制人及其控制的其他企业同业竞争情况
>
> 截至本意见书出具之日，不存在实际控制人×××控制的其他企业与本公司业务相竞争的情况。
>
> 2. 避免同业竞争的承诺
>
> 公司控股股东、实际控制人×××签署了《避免和消除同业竞争的承诺函》，主要内容如下：
>
> 自本《避免和消除同业竞争的承诺函》签署之日起，本人及本人控制的其他企业将不直接或间接从事、参与任何与×××××有限公司目前或将来相同、相近或相类似的业务或项目，不进行任何损害或可能损害×××××有限公司利益的其他竞争行为。

> 自本《避免和消除同业竞争的承诺函》签署之日起,如本人将来扩展业务范围,导致本人或本人实际控制的其他企业所生产的产品或所从事的业务与×××××有限公司构成或可能构成同业竞争,本人及本人实际控制的其他企业承诺按照如下方式消除与×××××有限公司的同业竞争:
> (1) 本人承诺不为自己或者他人谋取属于×××××有限公司的商业机会,不参加×××××有限公司已经投标的合同项目,不会自营或者与他人经营与×××××有限公司同类的业务。
> (2) 本人保证不利用与×××××有限公司的特殊关系和地位,损害×××××有限公司及其中小股东的合法权益,也不利用自身特殊地位谋取非正常的额外利益。
> (3) 本人保证本人的亲属(股东)也遵守以上承诺。如本人、本人的亲属(股东)或本人实际控制的其他企业违反上述承诺与保证,本人将依法承担由此给×××××有限公司造成的经济损失。
>
> 经本所律师核查,申请人与关联公司不存在同业竞争。

(七)申请人业务、资产、人员、机构、财务均保持独立性

1. 资产完整性

审查公司的资产是否完整、独立时,律师事务所一般通过对企业设立时的《验资报告》、银行出具的现金缴款单及完税证明以及公司股东的认缴出资注册资本缴纳情况的核查,验证公司的独立、占有的相关经营能力情况。

核查程序中将企业的固定资产情况,包括公司的设备、厂房、车辆等资产情况进行列举说明。

例如:

> ×××××有限公司的资产与股东资产产权清晰、界定明确。公司资产完整,拥有独立的办公及其他设备。根据公司设立时的《验资报告》、银行出具的现金缴款单及完税证

明，公司股东的认缴出资注册资本均已全部足额缴纳。经核查，公司资产、资质权属清晰，不存在公司的资产由其股东占有、使用的情形，不存在公司的资产与其股东的资产权属混同的情形。公司具有独立经营的能力，不存在与股东共享经营资产的情况。

（1）与生产经营有关的主要固定资产。

公司主要设备原值及成新率情况如下表所示。

设备名称	购置日期	数量	原值（元）	成新率（%）	所有权人
×××	2010/10/31	1	117 000.00	63.21	×××（公司简称）
×××	2011/8/31	2	90 683.77	74.67	×××（公司简称）
×××	2011/8/31	2	157 679.10	75.53	×××（公司简称）
×××	2011/10/31	2	621 367.51	72.59	×××（公司简称）
×××	2011/10/31	1	226 495.72	71.41	×××（公司简称）
×××	2012/3/31	1	290 598.30	75.22	×××（公司简称）
×××	2013/12/31	1	376 068.36	87.92	×××（公司简称）
合计	—	—	1 879 892.76	—	—

（2）厂房。

公司生产用厂区位于青岛市黄岛区王台镇，系自建，具体情况如下表所示。

序号	位置	面积/m²	期限	备注
1	××××××	×××	××年使用权	已启用

公司现用生产用厂区系公司自建，由于土地使用权取得方式为租赁，所以尚未办理产权手续，存在权属风险，建议及时办理权属手续。上述年限为土地租赁年限。

（3）车辆。

公司共有机动车三辆，具体情况如下表所示。

序号	车牌号码	品牌型号	购入日期	所有权人
1	鲁×××	××车××牌牌号××××××	×××年××月××日	×××（公司简称）
2	鲁×××	××车××牌牌号××××××	×××年××月××日	×××（公司简称）
3	鲁×××	××车××牌牌号××××××	×××年××月××日	×××（公司简称）

2. 人员独立性

审查企业人员是否专职在公司工作并领取报酬，公司是否建立并执行劳动、人事及工资管理制度。

针对人员独立性核查的情况，在一般的法律意见书中，会将人员按部门、教育程度的情况列明员工的基本构成。对员工保险的缴纳情况做详细的说明。

例如：

公司总经理等高级管理人员均专职在本公司工作并领取报酬。本公司执行董事、监事、总经理及其他高级管理人员均依合法程序选举或聘任。本公司员工独立于股东及其他关联方，已建立并独立执行劳动、人事及工资管理制度。

（1）员工的基本情况。

截至本报告出具之日，公司共有职工20人，员工具体构成如下表所示。

① 按部门分。

部门构成	人数	占比（%）
管理人员	4	20.00
销售人员	1	5.00
技术人员	2	10.00
生产人员	13	65.00
合计	20	100.00

② 按受教育程度分。

学历情况	人数	占比（%）
中专或高中	16	80
大专及以上	4	20
合计	20	100.00

（2）员工保险缴纳情况。

截至本报告出具之日，公司共有职工20人，均签订劳动合同。其中为7名员工缴纳社会保险，其他13名员工均为农民工，已在当地农村交纳农村医疗保险，与公司交纳的社会保险制度上有重叠的部分，该13名员工明确不参与社会保险的交纳，并在签订的劳动合同中做出说明。本所认为存在劳动风险，建议签订补充协议。

公司人员独立。

3. 财务独立性

律师事务所对公司的财务独立性进行审核，审查其财务部门是否按照《会计法》《企业会计准则》及其他财务会计法规、条例，制定适合公司实际情况的财务管理制度；是否建立独立的财务核算体系；是否配备了独立的财务人员；是否具有自己独立的财务结算账户、税务登记号等。

例如：

本公司拥有独立的财务部门，按照《会计法》《企业会计准则》及其他财务会计法规、条例，结合自身实际情况，制定了财务管理制度等内部财务制度，建立了独立的财务核算体系。本公司配备了专业的财务人员，财务人员未在关联单位任职。本公司拥有独立的银行账户。本公司拥有独立的税务登记号：××××××××××××××，并作为独立纳税主体依法履行纳税义务。公司独立做出财务决策，自主决定资金使用事项，不存在股东干预资金使用安排的情况。

公司财务独立。

4. 机构独立性

律师事务所审核企业是否根据《公司法》及公司章程的要求建立完整、严格的公司章程运作程序；是否设立相关岗位、职能部门；是否有关联公司混合经营、办公的情况等方面，核查公司的组织结构独立性。

例如：

> 本公司建立了适应其业务发展的组织结构。公司根据《公司法》与公司章程的要求建立了执行董事、监事的法人治理结构并严格按照相关法律和公司章程规范运作，聘任了总经理，并设置了相关的职能部门。公司的办公场所与股东及其关联公司完全分开，不存在混合经营、合署办公的情况，股东及其他任何单位和个人均未干预本公司的机构设置和生产经营活动。经核查，公司不存在与股东及其控制的其他企业间机构混同的情形，不存在股东干预其独立运作的情形。
>
> 公司机构独立。

5. 业务独立性

企业业务的独立性，一般体现在公司的业务流程是否完整，生产经营场所是否独立，销售和采购的渠道是否独立、是否受重大影响牵制等方面。律师事务所针对以上问题进行对公司业务独立性的核查，并做出结论。

> 公司组织结构设置明确，部门职责划分合理。拥有与经营业务有关的各项技术的所有权或使用权，具有完整的业务流程、独立的生产经营场所以及供应、销售部门和渠道，具有独立的采购和产品销售系统，具有直接面向市场的独立经营能力，业务上独立于控股股东、实际控制人。公司具有直接面向市场的独立经营能力。
>
> 公司业务独立。

> 基于上述,申请人的业务独立于股东及其控制的关联企业,资产独立完整,具有独立完整的采购、销售、经营系统,人员、机构、财务均保持独立,具有面向市场自主独立经营的能力。

(八)申请人未遭遇诉讼、仲裁或行政处罚

律师事务所将核查公司是否存在诉讼、仲裁或行政的处罚情况,如果企业未存在此类情况,则请企业出具《承诺与保证函》并在法律意见书中呈现。

例如:

> ×××××有限公司于××××年××月××日出具《承诺与保证函》,向本所承诺:
> (1)×××××有限公司自成立以来未因任何违法行为受到行政机关的重大行政处罚;
> (2)×××××有限公司自成立以来并未因违约、侵权或劳动争议而被他人提起或威胁将提起任何诉讼或仲裁;
> (3)×××××有限公司目前无任何正在进行或将要进行的重大诉讼、仲裁或遭受行政处罚;
> (4)×××××有限公司的董事、监事目前并无任何正在进行的重大诉讼、仲裁或遭受行政处罚;
> (5)×××××有限公司并未因任何违法或违规行为而受到任何政府部门或监管部门的警告或通知。

(九)申请人具备持续经营能力

律师事务所判定申请人具有持续经营能力,一般会从以下方面考察企业是否具备持续经营能力。企业的经营模式、产品品种结构变化;企业所在行业地位或所处行业的经营环境的变化;申请人最近一个会计年度的收入来源是否存在不确定性,企业享受的各项税收优惠政策等都不足以影响企业的持续经营能力。同时,也包括企业不存在任何影响经营的担保、诉讼、仲裁等重大事项;企业资产的完整性,各机构、人员的独立;企业控股股东不存在重大违法行为。

例如:

> 1. 根据申请人的承诺并经本所律师核查,申请人不存在下列影响持续盈利能力的情形:
>
> (1) 申请人的经营模式、产品或服务的品种结构已经或者将发生重大变化,并对申请人的持续盈利能力构成重大不利影响;
>
> (2) 申请人的行业地位或申请人所处行业的经营环境已经或者将发生重大变化,并对申请人的持续盈利能力构成重大不利影响;
>
> (3) 申请人最近一个会计年度的营业收入或净利润对关联方或者存在重大不确定性的客户存在重大依赖;
>
> (4) 申请人最近一个会计年度的净利润主要来自财务报表范围以外的投资收益;
>
> (5) 申请人在用重要资产的取得或者使用存在重大不利变化的风险;
>
> (6) 其他可能对申请人持续盈利能力构成重大不利影响的情形。
>
> 2. 根据×××会计师事务所出具的《审计报告》及申请人声明与承诺,申请人依法纳税,享受的各项税收优惠符合相关法律、法规的规定,申请人的经营成果对税收优惠不存在重大依赖。
>
> 3. 根据×××会计师事务所出具的《审计报告》,并基于本所律师作为非财务专业人员的理解和判断,申请人不存在影响持续经营的担保、诉讼以及仲裁等重大或有事项。
>
> 4. 根据公司提供的资料及本所律师查验,申请人资产完整,业务、财务、人员及机构独立,具有完整的业务体系和直接面向市场独立经营的能力。

> 5. 根据本所律师适当核查,申请人及其控股股东承诺,申请人及其控股股东最近两年内不存在损害投资者合法权益和社会公共利益的重大违法行为。
>
> 本所律师认为:申请人具备持续经营能力,不存在影响持续经营能力的情形、诉讼以及仲裁等重大或有事项。

(4)申请人的法律风险评价

律师事务所对拟挂牌企业的《挂牌交易说明书》中引用法律意见书的相关内容做相应的审阅及审查,确认《挂牌交易说明书》中所引用的法律相关内容没有出现虚假、误导性陈述记载以及重大的法律风险。

例如:

> **申请人挂牌说明书法律风险的评价**
>
> 本所律师未直接参与《挂牌交易说明书》的起草和编制工作,但参与了《挂牌交易说明书》的讨论和有关内容的修订,并对其做了总括性的审阅,对《挂牌交易说明书》中引用本法律意见书和律师工作报告的相关内容做了特别审查。
>
> 本所律师确认,《挂牌交易说明书》不会因引用本法律意见书和律师工作报告的内容而出现虚假记载、误导性陈述或重大遗漏的法律风险。

(5)申请人涉及的相关机构

企业申请挂牌上市,会涉及一些相关机构,其中包括:挂牌交易推荐机构、审计机构、律师事务所、股权登记托管机构、股权挂牌交易场所。逐一介绍、描述所涉及机构的详细信息,例如:名称、办公地址、法定代表人、推荐经办人、电话、传真。应注意,其中的推荐机构、会计师事务所、律师事务所均为股权登记托管机构的会员单位。

例如：

(一) 挂牌交易推荐机构
名　　称：×××××投资有限公司
办公地址：××市××区××号楼
法定代表人：×××
推荐经办人：×××、×××
电　　话：××××××××
传　　真：××××××××

(二) 审计机构
名　　称：×××会计师事务所
办公地址：××市×××路××号××大厦××层
负责人：×××
经办注册会计师：×××、×××
电　　话：××××××××
传　　真：××××××××

(三) 律师事务所
名　　称：×××律师事务所
办公地址：××市××区×××路××号××中心××室
负责人：×××
经办律师：×××、×××
电　　话：××××××××
传　　真：××××××××

(四) 股权挂牌交易场所
名　　称：×××××股权交易中心有限责任公司
办公地址：××市××区×××路××号××园××座××层
法定代表人：×××

> 电　　话：××××××××
> 传　　真：××××××××
> （五）股权登记托管机构
> 名　　称：×××股权交易中心有限责任公司
> 办公地址：××市××区×××路××号××园××座××层
> 法定代表人：×××
> 电　　话：××××××××
> 传　　真：××××××××
> 上述推荐机构、会计师事务所、律师事务所均为×××股权交易中心会员单位。

（6）法律意见书的总结性意见

律师事务所在根据《公司法》《股权业务管理办法》《挂牌业务规则》等相关法律、行政法规、规范性文件的基础上，综合对拟挂牌企业的审查，做出申请企业是否符合相关法规对申请企业的要求，满足股权交易中心挂牌条件的总体结论意见。律师事务所加盖律师事务所公章确认总结性意见，并请事务所负责人及本案的经办律师签字确认。

例如：

> ### 本次挂牌的总体结论性意见
>
> 综上所述，本所律师认为，除尚需取得有关政府部门和×××股权交易中心的核准外，申请人已具备《公司法》《股权业务管理办法》《挂牌业务规则》等相关法律、行政法规、规范性文件所规定的在×××股权交易中心挂牌的条件。
>
> 截至本法律意见书出具之日，申请人不存在影响其本次挂牌的实质性法律障碍或风险。《挂牌说明书》引用的本法律意见书和律师工作报告的内容适当。

> 本法律意见书正本一式四份。
> （以下无正文，下接签署页）
>
> ×××律师事务所
> 负责人签字：
> 经办律师签字：
> ××××年××月××日

6.3 律师事务所对文件的承诺与函件

6.3.1 律师事务所对文件的承诺

律师事务所一般在拟挂牌企业的法律意见书正文之外，另准备承诺书一份。承诺出具的法律意见书不存在虚假记载、误导性陈述；并对其真实性、准确性、完整性承担相应法律责任。

例如：

> **承 诺 书**
>
> ×××股权交易中心：
> 本所及签字律师已经对作为申请文件的法律意见书进行了审阅，承诺在法律意见书中不存在虚假记载、误导性陈述及重大遗漏，并对其真实性、准确性和完整性承担相应法律责任。
> 特此承诺。
>
> 签字律师签名：
> ×××律师事务所
> ××××年××月××日

6.3.2 对纳入挂牌交易说明书的法律建议书函件

由于内容上信息的需要，在企业的挂牌说明书中也会摘录律师事务出具的法律意见书中的内容。因此,律师事务所将对企业挂牌说明书中摘录法律意见书中的内容进行审阅。确认其挂牌说明书中的引用内容的真实、准确性,并对引用的内容承担相应的法律责任。

例如:

无异议函

本所及签字律师保证由本所同意××××× 投资有限公司在挂牌说明书中引用的法律意见书的内容已经本所审阅,确认挂牌说明书不致因上述内容而出现虚假记载、误导性陈述及重大遗漏引致的法律风险,并对其真实性、准确性和完整性承担相应的法律责任。

签字律师签名:

×××律师事务所

××××年××月××日

第7章

企业从区域板走向新三板和创业板展望

目前,国家正大力宣传并倡导发展国内中、小企业;不断推动中、小企业上市融资进程;切实给予中、小企业上市有利的政策扶持,并为此设立专项扶持基金。甚至为某些特定类型的企业上市,开辟"绿色通道",简化企业上市审批流程,为企业上市铺平道路。企业通过上市,更加有效地提高了其融资能力,从而能够迅速扩大企业规模,增强产品的竞争力和市场占有率。

因此,中、小企业在完成区域版上市之后,应当不断完善自身的组织结构,规范其会计处理,提高人员素质,为进入新三板及创业板板块挂牌上市做好准备。

本章将介绍新三板及创业板板块挂牌上市的条件及程序。

7.1 新三板挂牌上市的条件和程序

7.1.1 新三板挂牌上市的条件

(1) 对挂牌公司的要求

① 企业存续时间。

存续满两年的股份有限公司。有限责任公司按原账面净资产值折股整体变更为股份有限公司的,存续期间可以从有限责任公司成立之日起计算。

② 业务与持续经营能力。

主营业务突出,具有持续经营能力。通常情况下,公司的主营业务收入应当占到总收入的70%以上,主营业务利润应当占到利润总额的70%以上,方能被认定为主营业务突出。公司应当具有持续经营能力,不存在对其持续经营产生重大不利影响的各种不利变化,公司营业收入和净利润对关联方或者存在重大不确定性的客户不存在重大依赖。

③ 公司治理结构。

公司治理结构健全,运作规范。公司治理结构健全,主要是指企业根据法律、法规要求,设立股东大会、董事会、监事会,建立相关制度及议事规则,"三会"根据《公司法》《公司章程》以及有关议事规则的规定有效运行。公司运作规范主要指的是公司的各项制度,如公司的人事管理制度、财务管理制度、生产经营管理制度、行政管理制度健全完备,并得到有效执行。

④ 股份发行与转让。

股份发行和转让行为合法合规。主办券商及律师要通过对企业全面的尽职调查,确定公司自成立以来历次股权转让和股份发行符合有关法律、法规的规定。

⑤ 相关机构的确认。

取得主管部门出具的非上市公司股份报价转让试点资格确认函。被纳入代办股份转让试点的国家级高新区范围内的企业须取得相应主管部门的试点资格确认函。

(2) 对主办券商的要求

证券公司从事非上市公司股份报价转让业务,应取得证券业协会授予的代办系统主办券商业务资格。

主办券商推荐非上市公司股份挂牌,应勤勉尽责地进行尽职调查和内核,认真编制推荐挂牌备案文件,并承担推荐责任。主办券商应针对每家拟推荐的公司设立专门项目小组,负责开展尽职调查,制作挂牌转让备案文件,督促挂牌公司进行真实、准确、完整的信息披露等工作。主办券商应设立内核机构,负责备案文件的审核,并对下述事项发表审核意见:项目小组是否已按照尽职调查工作指引的要求对拟推荐公司进行了尽职调查;该公司拟披露的信息是否符合信息披露规则的要求;是否同意推荐该公司挂牌。

(3)对备案文件的要求

主办券商同意推荐公司挂牌的,应当向证券业协会报送有关备案文件,主办券商应承诺有充分理由确信备案文件不存在虚假记载、误导性陈述和重大遗漏。

备案文件应包括两个部分,即要求披露的文件和不要求披露的文件。

① 要求披露的文件。

具体包括:《股份报价转让说明书》及其附录(《公司章程》《审计报告》《法律意见书》《试点资格确认函》)和《推荐报告》。

② 不要求披露的文件。

主要分为两类,一类是股份报价转让的申请文件,具体包括:公司及其股东对北京市人民政府的承诺书、公司向主办券商申请股份报价转让的文件、公司董事会、股东大会有关股份报价转让的决议及股东大会授权董事会处理有关事宜的决议、公司企业法人营业执照、公司股东名册及股东身份证明文件、公司董事、监事、高级管理人员名单及其持股情况、主办券商和公司签订的推荐挂牌协议。另一类是主办券商及其他中介机构的内部文件、确认函及资质证明等文件,具体包括:主办券商尽职调查报告及工作底稿、内核工作底稿、内核会议记录及内核专员对内核会议落实情况的补充审核意见、主办券商推荐备案内部核查表、主办券商自律说明书;公司全体董事、主办券商及相关中介机构对备案文件真实性、准确性和完整性的承诺书;相关中介机构对纳入股份报价转让说明书的由其出具的专业报告或意见无异议的函;

主办券商业务资格证书、注册会计师及所在机构的执业证书复印件；主办券商对推荐挂牌备案文件电子文件与书面文件保持一致的声明。

（4）对信息披露的要求

① 基本要求。

挂牌公司及其董事和信息披露相关责任人应保证信息披露内容的真实、准确、完整，不存在虚假记载、误导性陈述或重大遗漏。推荐主办券商负责指导和督促所推荐挂牌公司规范履行信息披露义务，对其信息披露文件进行形式审查。公司股份挂牌转让前，至少应当披露股份报价转让说明书；股份挂牌转让后，至少应当披露年度报告、半年度报告和临时报告。另外，鼓励挂牌公司参照上市公司信息披露标准，自愿进行更为充分的信息披露。

② 挂牌前的信息披露。

挂牌报价转让前，挂牌公司应披露《股份报价转让说明书》及其附录。推荐主办券商应在挂牌公司披露股份报价转让说明书的同时披露推荐报告。

③ 持续信息披露。

a. 年度报告。

挂牌公司应在每个会计年度结束之日起四个月内编制并披露年度报告。挂牌公司年度报告中的财务报告必须经会计师事务所审计。

b. 半年度报告。

挂牌公司应在每个会计年度的上半年结束之日起两个月内编制并披露半年度报告。半年度报告的财务报告可以不经审计，但有下列情形之一的，应当经会计师事务所审计：拟在下半年进行利润分配、公积金转增股本或弥补亏损的；拟在下半年进行定向增资的；中国证券业协会认为应当审计的其他情形。

c. 自愿披露报告。

挂牌公司可在每个会计年度前三个月、九个月结束之日起一个月内自愿编制并披露季度报告,但挂牌公司第一季度季度报告的披露时间不得早于上一年度年度报告的披露时间。

d. 临时报告。

挂牌公司出现以下情形之一的,应自事实发生之日起两个报价日内向推荐主办券商报告并披露:经营方针和经营范围的重大变化;发生或预计发生重大亏损、重大损失;合并、分立、解散及破产;控股股东或实际控制人发生变更;重大资产重组;重大关联交易;重大或有事项,包括但不限于重大诉讼、重大仲裁、重大担保;法院裁定禁止有控制权的大股东转让其所持公司股份;董事长或总经理发生变动;变更会计师事务所;主要银行账号被冻结,正常经营活动受影响;因涉嫌违反法律、法规被有关部门调查或受到行政处罚;涉及公司增资扩股和公开发行股票的有关事项;推荐主办券商认为需要披露的其他事项。此外,挂牌公司有限售期的股份解除转让限制前一报价日,挂牌公司应发布股份解除转让限制的公告。

7.1.2 新三板挂牌上市的程序

企业在新三板挂牌上市的过程,大致分为以下几个阶段。

（1）尽职调查阶段

在此阶段,主办券商、会计师事务所、律师事务所等中介机构要进驻拟挂牌企业,对企业进行初步的尽职调查后,讨论、确定重大财务、法律等问题的解决方案、股份公司设立前的改制重组方案及股份公司设立方案,确定挂牌工作时间表。

主办券商及律师事务所应当建立尽职调查工作底稿制度,对拟挂牌企业的财务状况、持续经营能力、公司治理结构及合法合规事项进行详细的尽职调查,并在尽职调查完成后出具尽职调查报告,对下列事项发表独立意见:公司控股股东、实际控制人情况及持股数量;公司的独立性;公司治理情况;公司规范经营情况;公司的法律风险;公司的财务风险;公司的持续经营能力;公司是否符合挂牌条件。

（2）改制重组阶段

企业改制重组是挂牌上市的关键环节，改制重组是否规范直接决定了企业能否在新三板成功挂牌。企业改制重组涉及管理、财务、法律等诸多问题，需要主办券商、会计师事务所、律师事务所等中介机构的共同参与方能圆满完成。

公司在改制重组过程中应遵循以下五个基本原则：形成清晰的业务发展战略目标，合理配置存量资源；突出主营业务，形成核心竞争力和持续发展的能力；避免同业竞争，规范关联交易；产权关系清晰，不存在法律障碍；建立公司治理的基础，股东大会、董事会、监事会以及经理层的规范运作。具体而言，此阶段主要工作有：

① 进行股权融资。

拟在新三板挂牌的企业，多数为规模较小，处于成长期的高科技企业，通过银行贷款等债权融资方式，获得企业发展亟需的资金往往较为困难，股权融资成为企业解决资金瓶颈、实现快速发展的必然选择。企业在新三板挂牌后，不仅知名度和信誉得到提升，而且股权的流通性增强，这些都为企业在挂牌前引入战略投资者创造了机遇，有利于解决困扰拟挂牌企业发展的资金问题。

② 突出主营业务。

通过股权结构调整、业务重组及组织架构整合，突出主营业务，形成核心竞争力和持续发展的能力，规范关联交易，解决同业竞争。

③ 健全公司治理结构。

建立健全股东大会、董事会、监事会、独立董事、董事会秘书制度，并保证相关机构和人员能够依法履行职责，形成规范的公司法人治理结构。

④ 设立股份公司。

拟挂牌企业多为有限责任公司,只有变更为股份有限公司才能在新三板挂牌上市。为了尽快实现挂牌上市,有限公司整体变更为股份时的经营业绩连续计算问题成为关键,即有限责任公司按原账面净资产值折股整体变更为股份有限公司的,存续期间可以从有限责任公司成立之日起计算,存续期满两年方可在新三板挂牌转让。折股依据是"账面净资产值"而非经评估后的净资产,而且整体变更时不能增加股本和引入新股东,否则公司存续期间不能连续计算。

有限公司整体变更为股份公司大致程序如下:a. 发起人签署《发起人协议》,约定账面净资产值折股方案及公司其他重大事项;b. 先后召开董事会会议及股东会会议,做出全体董事或股东一致同意按《发起人协议》的约定将有限公司整体变更为股份公司的决议;c. 聘请会计师事务所对公司进行审计、评估及验资;d. 召开股份公司创立大会,审议通过有限公司整体变更设立股份公司的议案,审议通过《公司章程》《股东大会议事规则》,选举股份公司首届董事会及首届监事会的成员,审议通过关于授权股份公司董事会办理与股份公司设立有关事宜的决议;e. 办理工商登记,领取股份公司《企业法人营业执照》,涉及国有资产及外商投资的,须事先到有关主管部门办理审批手续。

(3)推荐挂牌阶段

各中介机构应当出具《股份报价转让说明书》《审计报告》《法律意见书》等备案材料,拟挂牌企业应当获得有关主管部门的试点资格确认函。

主办券商内核机构召开内核会议,对备案文件进行审核并形成内核意见,主办券商根据内核意见决定是否向证券业协会推荐公司挂牌,决定推荐的,出具推荐报告,并向证券业协会报送备案文件。

协会收到备案文件后,对下列事项进行审查:备案文件是否齐备;主办券商是否已按照尽职调查工作指引的要求,对所推荐的公司进行了尽职调查;该公司拟披露的信息是否符合信息披露规则的要求;主办券商对备案文件是否履行了内核程序。协会对备案材料审查无异议,自受理之日起50个工作日内向推荐主办券商出具备案确认函。

(4) 股份挂牌前准备阶段

公司股份正式挂牌前,应当与证券登记结算机构(中国证券登记结算有限责任公司)签订证券登记服务协议,办理全部股份的集中登记。投资者持有的非上市公司股份应当托管在主办券商处。初始登记的股份,托管在推荐主办券商处。主办券商应将其所托管的非上市公司股份存管在证券登记结算机构。

挂牌报价转让前,挂牌公司应披露股份报价转让说明书及其附件(包括《公司章程》《审计报告》《法律意见书》《试点资格确认函》),推荐主办券商应在挂牌公司披露股份报价转让说明书的同时披露推荐报告。

(5) 股份上市交易

① 投资者范围。

新三板市场的投资者仅限于机构投资者和挂牌公司的自然人股东。具体包括:机构投资者(法人、信托、合伙企业等);公司挂牌前的自然人股东(挂牌公司自然人股东只能买卖其持股公司的股份);通过定向增资或股权激励持有公司股份的自然人股东;因继承或司法裁决等原因持有公司股份的自然人股东;协会认定的其他投资者。

② 交易方式。

新三板市场交易以"股"为单位,每笔委托股份数量应为3万股以上。不足3万股的,只能一次性委托卖出。

③ 交易限制。

为了稳定市场,新三板规则对挂牌公司的股份转让做了一些限制性的规定:

a. 控股股东、实际控制人挂牌前直接或间接持有的股份,分三批进入代办系统转让,每批进入的数量均为其所持股份的三分之一。进入的时间分别为挂牌之日、挂牌期满一年和两年。挂牌前十二个月内控股股东及实际控制人直接或间接持有的股份进行过转让的,该股份的管理适用前条的规定;

b. 挂牌前十二个月内挂牌公司进行过增资的,货币出资新增股份,自工商变更登记之日起满十二个月可进入代办系统转让,非货币财产出资新增股份,自工商变更登记之日起满二十四个月可进入代办系统转让;

c. 因司法裁决、继承等原因导致有限售期的股份发生转移的,后续持有人仍需遵守前述规定;

d. 挂牌公司董事、监事、高级管理人员所持公司股份,按《中华人民共和国公司法》的有关规定进行转让限制。

7.2　创业板挂牌上市的条件和程序

7.2.1　创业板挂牌上市的条件

（1）对挂牌公司的要求

① 发行人是依法设立且持续经营三年以上的股份有限公司(有限公司整体变更为股份公司可连续计算)。

② 股票经证监会核准已公开发行。

③ 公司股本总额不少于3000万元;公开发行的股份达到公司股份总数的25%以上;公司股本总额超过4亿元的,公开发行股份的比例为10%以上。

④ 公司最近三年无重大违法行为,财务会计报告无虚假记载。

⑤ 注册资本已足额缴纳,发起人或者股东用作出资的资产的财产权转移手续已办理完毕。发行人的主要资产不存在重大权属纠纷。

⑥ 最近两年内主营业务和董事、高级管理人员均没有发生重大变化,实际控制人没有发生变更。

⑦ 应当具有持续盈利能力,不存在下列情形:

a. 经营模式、产品或服务的品种结构已经或者将发生重大变化,并对发行人的持续盈利能力构成重大不利影响;

b. 行业地位或发行人所处行业的经营环境已经或者将发生重大变化,并对发行人的持续盈利能力构成重大不利影响;

c. 在用的商标、专利、专有技术、特许经营权等重要资产或者技术的取得或者使用存在重大不利变化的风险;

d. 最近一年的营业收入或净利润对关联方或者有重大不确定性的客户存在重大依赖;

e. 最近一年的净利润主要来自合并财务报表范围以外的投资收益;

f. 其他可能对发行人持续盈利能力构成重大不利影响的情形。

7.2.2 创业板挂牌上市的上市程序

在创业板公开发行股票并上市应该遵循以下程序。

(1)对企业改制并设立股份有限公司

拟定改制重组方案,聘请保荐机构(证券公司)和会计师事务所、资产评估机构、律师事务所等中介机构对改制重组方案进行可行性论证,对拟改制的资产进行审计、评估、签署发起人协议和起草公司章程等文件,设置公司内部组织机构,设立股份有限公司。除法律、行政法规另有规定外,股份有限公司设立取消了省级人民政府审批这一环节。

(2)对企业进行尽职调查与辅导

保荐机构和其他中介机构对公司进行尽职调查、问题诊断、专业培训和业务指导,学习上市公司必备知识,完善组织结构和内部管理,规范企业行为,明确业务发展目标和募集资金投向,对照发行上市条件对存在的问题进行整改,准备首次公开发行申请文件。目前,已取消了为期一年的发行上市辅导的硬性规定。

（3）制作申请文件并申报

企业和所聘请的中介机构，按照证监会的要求制作申请文件，保荐机构进行内核并负责向中国证监会尽职推荐；符合申报条件的，中国证监会在五个工作日内受理申请文件。

（4）对申请文件审核

中国证监会正式受理申请文件后，对申请文件进行初审，同时征求发行人所在地省级人民政府和国家发改委意见，并向保荐机构反馈审核意见，保荐机构组织发行人和中介机构对反馈的审核意见进行回复或整改，初审结束后发行审核委员会审核前，进行申请文件预披露，最后，提交发行审核委员会审核。

（5）路演、询价与定价

发行申请经发行审核委员会审核通过后，中国证监会进行核准，企业在指定报刊上刊登招股说明摘要及发行公告等信息，证券公司与发行人进行路演，向投资者推介和询价，并根据询价结果协商确定发行价格。

（6）发行与上市

根据中国证监会规定的发行方式公开发行股票，向证券交易所提交上市申请，在登记结算公司办理股份的托管与登记，挂牌上市，上市后由保荐机构按规定负责持续督导。